« RÉPONSES »
Collection dirigée par Sylvie Angel et Abel Gerschenfeld

DU MÊME AUTEUR

chez le même éditeur

AIME-TOI, LA VIE T'AIMERA, 1992.

HISTOIRES D'AMOURS, HISTOIRE D'AIMER, 1996.

CATHERINE BENSAID

JE T'AIME, LA VIE

ROBERT LAFFONT

Ouvrage édité sous la direction
de Antoine Audouard

ISBN 2-221-08725-9

AGIR, JE VIENS

Il faut d'abord que surgisse mon
démon afin qu'apparaisse mon ange.

Poussant la porte en toi, je suis entré
  Agir, je viens
Je suis là
Je te soutiens
Tu n'es plus à l'abandon
Tu n'es plus en difficulté
Tes difficultés tombent comme des ficelles déliées
Le cauchemar d'où tu reviens hagarde n'est plus
Je t'épaule
Tu poses avec moi le pied sur le premier degré de l'escalier
  sans fin qui te porte
et te monte
et te calme
Jusqu'aux confins de tes horizons
Jusqu'aux confins de ta mémoire obscure
Jusqu'au cœur de l'enfant de tes rêves
poussant des nappes d'aise
j'afflue.

Henri MICHAUX

Introduction

C'était un jeune homme de cinquante ans. Il avait à peine eu le temps d'apprendre à vivre qu'il s'en est allé. En une fraction de seconde, il a laissé sa conscience s'endormir et sa vie lui échapper : sa voiture a heurté un arbre de plein fouet. Lui qui était depuis longtemps habité par le désir de mort, qui avait tenté à maintes reprises, comme on dit, de mettre fin à ses jours, avait basculé dans l'autre monde à l'instant où il semblait avoir trouvé le bonheur.

Nous avions cessé de travailler ensemble. Nous avions pris le temps pour nous arrêter, espaçant progressivement les séances depuis plus d'un an. Sa présence, s'il était resté en vie, m'aurait accompagnée de loin en loin, sans question particulière à résoudre le concernant. L'annonce de sa mort a réveillé nombre de souvenirs sur les instants que nous avions partagés. Et je me suis alors interrogée sur le sens de sa mort. Plus exactement sur le sens de sa vie. Sur le sens d'une vie, de la vie.

La mort conclut l'histoire d'une vie, mais elle fait partie de cette histoire. Pourquoi survient-elle à cet instant-là et de cette façon-là ? « Son temps était venu », dit-on ; ou lorsqu'on voit quelqu'un lui *échapper*, après l'avoir *frôlée* : « Ce n'était pas son heure. » On cherche des réponses. Tout en sachant que nous n'en trouverons jamais, ni de certaines ni de satisfaisantes.

« C'est la vie », dit-on alors. Expression fréquemment utilisée, et ce dès que l'on se trouve face à l'inéluctable ; dès qu'un malheur nous renvoie à un sentiment d'impuissance. Cela me fait penser au début d'une lettre que mon père avait écrite, quelques mois avant sa mort, intitulée : « À lire après ma mort ». Lettre dont chaque mot est gravé dans ma mémoire et que je relate toujours avec la même émotion. « À mon âge, mourir n'a rien de scandaleux ; et j'aimerais bien qu'on n'en fasse pas un drame. Ce n'est pas "la vie", comme on dit parfois, mais c'est dans l'ordre des choses. »

La mort n'est pas la vie. Mais il n'y a pas de mort sans vie, de vie sans mort. La mort renvoie à cette vie qui se termine ; à ce fil tendu entre la naissance et la mort. Comme dit le poète portugais Porchia, dans *Voix* : « La vie paraît deux points, sans points intermédiaires. » Notre regard se porte sur la vie dans son ensemble. Comme la fin d'un livre ou d'un film justifie son existence en lui donnant un sens, la mort donne naissance à un destin. Apparaît une ligne, une courbe, un parcours : une vie. La mort nous fait prendre conscience de la vie.

Cette mort accidentelle fut la première d'une cruelle série où je vis disparaître des amis proches, puis mon père, ensuite ma mère. De longs mois, des années ont passé avant que je ne me sente capable d'en parler. J'avais jusque-là été épargnée de cette proximité avec la mort ; cette expérience et cette souffrance qui nous font devenir autres. Plus rien n'est pareil, même si la vie continue, en apparence, identique.

Mon écoute n'est plus la même. Ainsi que mon aide à ceux qui traversent les mêmes épreuves. Les mêmes épreuves ? Plutôt des expériences similaires. Aucune relation n'est semblable à une autre ; comment le seraitelle face à la mort ? Chaque deuil a son histoire propre, son temps, sa douleur, sa trace dans notre chair. Et nous avons chacun notre façon de composer avec lui.

Certains ne cessent d'évoquer l'être aimé, respirent son parfum, portent ses vêtements, regardent ses photos. Ils vivent davantage avec sa présence que lorsqu'il était en vie. Ils ne supportent pas l'idée de l'oublier : ce serait le faire mourir à jamais. D'autres se refusent à en parler tant sa mémoire est douloureuse. Ils rangent et font disparaître au plus tôt les objets qui les amèneraient à se confronter avec l'absence. Fuir l'absence ou rechercher la présence sont des antidotes contre la souffrance.

Chacun fait comme il peut. Les attitudes peuvent être différentes, mais la douleur et les sentiments qui s'y mêlent sont semblables pour tous. Dans l'infinie subtilité de ces émotions, nous pouvons nous retrouver, nous entendre et nous comprendre. À condition que nous puissions en parler. Le cabinet du psychanalyste est un des lieux qui peuvent donner accès à la parole dans les moments qui succèdent à la mort d'un proche. Il est essentiel d'avoir un espace où l'on a la liberté de s'exprimer.

Passé un certain temps, relativement bref, après la disparition d'un être cher, le deuil ne se parle plus. Nous vivons dans une société où les événements et les émotions qui l'accompagnent se suivent à un rythme qui interdit de s'appesantir sur nos douleurs. Sous peine justement d'être pesant vis-à-vis de notre entourage. Une souffrance intense éveille des réactions d'intolérance.

Or le deuil, toutes les formes de deuil, peuvent durer très longtemps. Il existe des deuils pathologiques : ceux qui réactivent un état dépressif préexistant. Ainsi que l'a dit Shakespeare : « Le chagrin à une certaine dose prouve beaucoup d'affection ; mais à trop forte dose, il prouve toujours quelque faiblesse d'esprit. » En dehors de ces cas extrêmes, une douleur demeure : imperceptible et sournoise, elle se réveille à l'occasion d'événements sans importance et influe sur notre vie. La souffrance consécutive à un deuil a la vie longue.

Le travail analytique permet de détecter le pourquoi de certaines tristesses ou colères inadaptées, en apparence, à ce que nous vivons. Si l'origine en est un deuil dont nous pensions, à tort, être guéris, il nous est alors possible d'en parler, et d'en reparler, encore et encore. Nous pouvons alors, progressivement, nous libérer de ces abcès de l'âme.

J'ai le souvenir, dans ma propre expérience, d'avoir pu, grâce à l'écoute privilégiée de la relation analytique, sortir ces maux enfouis et éviter leurs conséquences néfastes sur la santé : les souffrances non dites peuvent rendre malade. Et j'ai pu, en tant qu'analyste, entendre et accueillir les paroles de ceux qui avaient subi un deuil. Les mots que l'on dit, comme ceux que l'on reçoit, atténuent la virulence du mal et, luttant contre son influence morbide, laissent place à la vie.

Il est si naturel de ressentir la brûlure du manque et d'éprouver le besoin d'évoquer la personne aimée... Mais ces sentiments sont le plus souvent tus pour donner lieu à un comportement *civilisé.* Ils sont pour cette raison, en plus de la douleur qui les anime, accompagnés d'un sentiment de solitude. Il serait pourtant bon de pouvoir, simplement, les partager. Si je reste convaincue que chaque deuil est unique et constitue par conséquent une expérience solitaire, la souffrance est humaine et universelle.

C'est pourquoi il m'importe maintenant d'en parler. L'écriture permet d'évoquer avec liberté la vie de ceux qui nous sont chers et qui ne sont plus. J'ai envie de rendre compte de ce que j'ai pu vivre et ressentir. Je veux parler de ceux que j'ai aimés : ce sont eux que j'ai le mieux connus. On ne peut entreprendre une réflexion dans ce domaine qu'à partir de ce que l'on a vécu.

L'expérience du deuil est intime. Il me serait impossible d'en parler, et je n'en aurais pas ressenti la nécessité, si la vie ne m'avait contrainte à faire face à cette réalité. Je connaissais l'existence de la mort — comment l'ignorer ? —, mais elle s'était jusque-là gentiment tenue à l'écart de ma vie. Je ne savais pas ce qu'était perdre des êtres aimés. Maintenant, je sais.

J'ai souffert et j'ai grandi. La vie a désormais un prix qu'elle n'avait pas. Elle était naturelle, évidente, donnée comme un dû que l'on ne remet pas en question. Mes parents sont partis. D'autres aussi que j'aimais s'en sont allés. Je les suivrai un jour. Dans ce temps qui me reste à vivre, je veux profiter de tous les instants. C'est un devoir, et non plus un dû, que de bien les vivre. Je ressens comme une nécessité intérieure de faire honneur à la vie, telle qu'elle m'est donnée à vivre.

La vie, nous ne cessons de nous en plaindre : « C'est injuste, pourquoi moi ? » ou « pourquoi pas moi ? ». Nous voyons tous les malheurs que la vie nous inflige, comme tout ce dont elle nous prive. « Je n'ai pas de chance. Je n'avais pas mérité cela. » Et d'ajouter, quand elle nous désespère : « Je n'avais pas demandé d'être au monde. » *La vie* est responsable de notre vie.

« Mes parents n'ont pas eu la vie qu'ils auraient dû avoir. » Ceux qui pensent ainsi ne peuvent croire à une vie meilleure que la leur. Il faut lutter, et pour chacun de nous, contre les empêchements à vivre. La vie, les parents, le manque de chance ; il faut arrêter de se lamenter sur sa vie et ne pas oublier qu'elle nous appartient. C'est à nous d'en faire notre vie.

Mon expérience est une parmi tant d'autres. Je témoigne de la mienne et de celles que j'ai pu recueillir. Certains y retrouveront, je l'espère, des émotions proches de celles qu'ils ont ressenties. Que ce livre les aide à mieux vivre ce qu'ils ont déjà vécu et ce qu'ils ont à vivre maintenant, c'est mon souhait le plus cher.

La mort de mes parents m'a fait mourir à une part de ma vie. Elle a donné naissance à une autre vie. Les deuils nous font mourir et renaître à nous-mêmes. Tous les deuils font renaître à la vie. À condition de les *vivre* : de les accepter, de les comprendre, ensuite de les dépasser. Accepter de les vivre, c'est accepter de vivre. Accepter la mort, c'est accepter la vie.

Maintenant, je vis. Que chacun garde à jamais conscience d'être en vie.

Première partie

LA MORT À VIVRE

Le remède du vulgaire, c'est de n'y penser pas... Ils vont, ils viennent, ils trottent, ils dansent : de mort, nulles nouvelles. Mais aussi, quand elle arrive à eux ou à leurs femmes, enfants, amis, les surprenant soudain et à découvert, quels tourments, quels cris, quelle rage et quel désespoir les accablent. Il faut y pourvoir de meilleure heure.

MONTAIGNE

Nous vivons la mort comme une injustice, une faillite de la médecine, un échec à maintenir en vie, par un pouvoir magique, ceux que nous aimons. La mort n'a pas de place dans notre vie.

Shakespeare a dit : « Nous aimons mieux mourir chaque heure de la crainte de la mort que mourir une fois. » La peur de la mort occupe le temps nécessaire à bien vivre : elle est si présente qu'elle constitue une menace constante. Certains se voient atteints de toutes les maladies dès qu'ils ouvrent un livre de médecine ; ou déjà morts avant de traverser la rue. Ils espèrent, en la prévoyant, empêcher sa venue ; ils n'y penseraient plus qu'elle serait capable de les atteindre par surprise. La mort envahit leur vie.

D'autres n'en veulent rien savoir. Ils fuient tout ce qui peut les confronter à elle. Face à un proche en situation de deuil, comme dans l'obligation d'écrire des lettres de condoléances, ils sont paralysés : « Que vais-je pouvoir dire ou écrire ? » Tout paraît si dérisoire devant l'ampleur du drame. La mort dérange une vie qui a d'autres urgences que celle de penser à la mort. Le déni, comme l'obsession, relève de la même crainte : voir la mort en face.

Cependant, quand la réalité de la mort est là, quand elle nous touche de près, nous sommes surpris par nos propres réactions. Ceux qui ont fait des expériences de *proximité avec la mort* en témoignent unanimement : la mort ne leur fait plus peur. Ceux qui accompagnent les personnes en *fin de vie* disent à quel point ces expériences les enrichissent. Ceux qui perdent un être cher et se croyaient, avant de le vivre, incapables de faire face, constatent, après l'épreuve, qu'ils peuvent continuer à vivre. Faire face à la mort permet, ensuite, de mieux faire face à la vie.

Je ne veux en rien banaliser la violence de cette expérience et la douleur du deuil. Mais reconnaître que l'existence de la mort nous aide à mieux vivre. Toute expérience qui nous permet de nous confronter avec nos peurs, et de nous en affranchir, est une expérience qui nous fait grandir. Plus nous apprivoisons l'objet de nos terreurs, plus nous sommes libres. « La préméditation de la mort est préméditation de la liberté », a dit Montaigne.

Nous apprenons à vivre au contact de la mort. De la révolte à l'acceptation, de la désespérance à la sagesse — un peu de sagesse —, la vie prend un sens qu'elle n'avait pas. J'ai beaucoup appris en *accompagnant* mes parents. Pour l'avoir côtoyée de près, en leur présence, la mort m'est devenue plus familière. Et la vie, encore plus précieuse.

1

L'accompagnement

La vie est le plus vie là où elle commence à mourir.

PORCHIA

Le temps de la maladie

Ceux qui ont pu, comme je l'ai fait, accompagner un père, une mère, un être aimé dans ses derniers instants savent combien cette expérience nous transforme, pour toujours. Nous découvrons une part de nous que nous n'avions pu jusque-là exprimer. Notre cœur mis à nu, nous éprouvons pour celui ou celle qui nous quitte un amour sans limite. Un amour proche de l'absolu.

Nous sommes dans l'oubli de nous-mêmes, car nous n'avons qu'une seule pensée : les aider à *partir*. On les entoure, on les rassure, on les berce, on les caresse : ils sont si fragiles. On veut leur rendre la mort douce. Nous sommes maintenant leurs parents et ils sont nos enfants. Animé du désir de leur communiquer cette force qu'ils n'ont plus, notre amour est là qui les porte jusqu'au seuil. Dans une sorte de transcendance, nous sommes transportés, ailleurs, dans un espace indéfini. Un lieu qui se situe entre deux mondes. Entre la vie et la mort.

Nous les accompagnons sur le pas de la porte. Et comme à chaque fois que l'on éprouve le chagrin de voir l'autre partir, chagrin qui atteint là son paroxysme, nous avons la sensation qu'une part de nous s'en est allée. Ensuite, on sait mieux ce qu'est mourir. Ce n'est pas notre vie qui s'en va ; c'est une partie de notre vie qui se meurt.

De la maladie de mon père et de ma mère — ils sont tombés malades à quelques mois d'intervalle —, je veux tout oublier. Me remémorer leurs souffrances m'est insupportable. Je ne concède à la maladie qu'une seule bonne raison d'exister : elle nous donne le temps de nous dire au revoir. Voir ceux que nous aimons en état de souffrance constitue une des épreuves parmi les plus douloureuses qui soient.

Nous portons leurs douleurs dans notre propre chair. Nous voudrions tout faire pour les soulager, et pour nous soulager. Mais nous ne savons que faire. Le monde médical et hospitalier nous aide, nous soutient et nous désespère. Tous ceux dont on aurait tant besoin qu'ils soient humains peuvent être vite, à nos yeux, inhumains. Goethe a dit : « L'homme est un fil tendu entre l'humain et l'inhumain. »

En tant que médecin, la tâche ne fut pas plus facile. À la souffrance de les voir souffrir s'ajoutait l'incertitude quant au stade de leur maladie et aux décisions à prendre. J'écoutais des avis, le plus souvent contradictoires, et j'avais en mémoire un savoir que je ne pouvais oublier, mais qui ne m'était d'aucun secours. Surtout, je voulais savoir et ne pas savoir. Quand il s'agit de ses parents, même si on les prend en charge, on est, avant tout, leurs enfants. On reste des enfants.

Les innombrables actes qu'il me fallait accomplir me permettaient cependant d'être près d'eux. J'avais la sensation d'être utile, là où tout m'échappait. Je ne faisais pas qu'assister, désespérée et impuissante, au malheur de ceux que j'aimais ; malheur qui faisait mon propre malheur. J'étais avec eux, dans la vie. Nous pouvions, ensemble, faire de ces parenthèses entre la vie et la mort de vrais moments de vie. J'ai goûté pleinement, intensément, en pleine conscience, le cadeau que représentait leur présence, durant tout le temps de leur maladie.

Bien sûr, je pourrais regretter de ne pas avoir été plus souvent là. Je n'ai pas cessé de travailler. Pendant un temps, ils étaient tous deux hospitalisés ; on a découvert la maladie de ma mère quelques mois après celle de mon père. Il me fallait partager mon temps entre l'un et l'autre. Et ces moments se mesurent davantage à leur qualité qu'à leur quantité. Pour eux, pour moi, je ne pouvais ni ne devais arrêter de vivre. Il faut bien puiser à l'extérieur cette force de vie que l'on transmet.

Si j'ai gardé de cette période les souvenirs des plus pénibles, il m'en est resté d'autres parmi les plus doux qui m'aient été donnés à vivre. Je garderai à jamais en mémoire des moments partagés d'une rare intensité. J'ai éprouvé des émotions d'une beauté et d'une profondeur insoupçonnées.

J'aimais mes parents. Et ils m'aimaient. Je le savais, ils le savaient. C'était un fait acquis. Nous le dire et le démontrer, jour après jour, par des attentions que nous réinventions sans cesse, par une présence, des mots, des regards, c'était une autre histoire. Nous ne pensions, eux comme moi, qu'à alléger la souffrance de l'autre.

Mes parents, l'un et l'autre, ont eu un courage et une dignité exemplaires. Ils voulaient me protéger de leurs souffrances, comme je voulais les protéger de la mienne. Jamais je n'ai senti autant d'amour m'envahir, jamais je n'ai autant pris conscience de la force de leur amour.

Certaines éducations ne portent pas particulièrement aux effusions. On n'en éprouve pas nécessairement un manque. L'amour est là, qui s'exprime autrement. Mais la maladie, les suites opératoires, la réanimation nous font instinctivement agir comme nous ne le faisions pas auparavant. Je me suis permis des gestes que j'avais toujours retenus jusque-là. Il n'y avait plus ni censure ni crainte d'être impudique.

S'imposait à moi la nécessité de transmettre par des caresses ce trop-plein d'amour qui était en moi. Je voulais leur donner cette vie, cette chaleur dont ils avaient tant besoin. Il est bien regrettable, cependant, qu'il nous faille atteindre ces moments extrêmes pour ouvrir notre cœur comme nous ne nous permettions jamais de le faire.

Ceux qui sont malades savent que la fin est proche. Ils nous communiquent la valeur ô combien précieuse des instants que nous pouvons encore partager. Nous avons tant d'amour à nous dire, tant de tendresse à exprimer. C'est maintenant ou jamais. Nous sommes dans l'urgence, dans l'immédiateté absolue. Nous mettons instinctivement de côté tout ce pour quoi nous aurions pu nous tourmenter en d'autres temps. Notre regard sur la vie est radicalement transformé.

À l'approche de la mort, pour ceux qui partent comme pour ceux qui restent, la vie prend une densité, une épaisseur, une intensité que nous sommes, même au plus profond de notre douleur, à même de constater. Je crois n'avoir jamais vu quiconque s'effondrer dans ces instants-là. Nous respectons trop ceux qui nous quittent pour nous donner le droit d'être tristes ou de pleurer sur notre sort ; tout au moins, en leur présence.

Nous cachons notre douleur comme ceux qui sont malades nous cachent la leur. Mensonge tacite : ils ne savent pas ce que nous savons, nous ne savons pas ce qu'ils savent. Au moins en était-il ainsi avec mon père, puis avec ma mère. « Tout patient a le droit absolu de tout connaître de son mal, avec les incertitudes qu'ordinairement cela implique. Mais il a le droit tout aussi absolu de ne rien en savoir et de se mentir autant que cela lui convient. Lui seul peut en décider. »

C'est le dernier texte que mon père a écrit, alors qu'il était lui-même gravement malade. C'est aussi le texte d'un médecin qui, pendant plus de quarante ans, a tenté de soulager, comme il le pouvait, les douleurs de ses patients et les a vus mourir. Il ajoute plus loin : « Ceux qui, souffrant de la même maladie, se débrouillent comme ils peuvent, avec ce mélange toujours merveilleux de lucidité et d'aveuglement, de courage et de dénégation, pour affronter l'idée de leur mort et l'éventualité de grandes souffrances. »

Ainsi chacun savait, mais nous n'en parlions pas. Nos dialogues se poursuivaient *comme si.* Nous continuions, ce que nous avions toujours fait, à parler de tout et de rien, plus gravement peut-être, et nous plaisantions souvent, comme avant. Bien sûr, la maladie était là, dans leur vie et, par conséquent, dans la mienne : les traitements et leurs effets, les hospitalisations, les examens, les résultats d'examens, les espoirs, les désillusions. Nous vivions, bien malgré eux, au rythme des rechutes et des rémissions. Mais nous étions ensemble.

Et tant qu'ils étaient là, qu'importait le lendemain ? Nous aurions bien le temps d'y penser. Je vivais comme une intrusion insupportable toute parole chargée de me rappeler la gravité de la maladie et l'approche imminente d'une fin inéluctable. Comme si je ne le savais pas ! Comme si je ne l'avais pas toujours su depuis que le verdict était tombé : il n'y a plus rien à faire. La médecine ne fera plus rien, mais mon amour, leur amour, notre amour a encore tant de choses à faire. Laissez-nous vivre ensemble, puisque nous savons maintenant sans équivoque que le temps nous est compté. Laissez-nous vivre ce qui n'est pas l'antichambre de la mort, mais l'apothéose de la vie.

Nous avons toujours cherché à sauvegarder ce qui faisait jusque-là notre bonheur d'être ensemble. La douleur prenait souvent le pas sur les petits plaisirs quotidiens, mais ils n'ont jamais voulu lui donner l'importance qu'elle s'acharnait à prendre. Parler de leur maladie ne les intéressait pas, ni l'un ni l'autre ; encore moins l'infantilisation et même l'irrespect qui sont, bien trop souvent, le lot d'un malade. Comme si la maladie vous faisait devenir un autre : un autre qui n'est plus rien, si ce n'est ce corps tyrannisé par un mal monstrueux. Un objet désormais soumis aux caprices de la maladie comme à ceux chargés de la combattre.

Je n'ai jamais compris pourquoi on bêtifiait avec les *malades* comme avec les enfants. Un malade et un enfant ont en commun d'être dépendants et fragiles. L'un parce qu'il n'est pas encore adulte et responsable. L'autre parce qu'il ne doit plus être considéré comme tel ? Doit-on être puni pour être *tombé malade* ? Des mères élèvent leur enfant avec l'idée que *c'est sa faute* s'il est malade ou s'il s'est fait mal. « Je t'avais bien dit de faire attention », disent-elles. On se sent alors coupable d'avoir mal.

La maladie nous place dans un état d'infériorité. Certains en profitent. En ont-ils conscience ? Comme elle donne un sentiment d'indignité : quelle souffrance de se voir ainsi diminué sur le plan physique et intellectuel. Les malades n'en sont pas moins dignes de respect, bien au contraire. Un vêtement usé ne devrait rien retirer à la beauté d'une âme. J'ai toujours trouvé mes parents beaux. Leurs sourires illuminaient leurs visages. Leur générosité, leur bonté, leur intelligence les transcendaient. J'ai à peine vu le changement qui s'opérait progressivement en eux.

Mon père avait écrit : « Mon souci le plus grand est actuellement de peser le moins possible. C'est peut-être pour cela que je maigris. » Il m'avait dit également : « Plus je maigris, plus je suis un poids pour les autres. » Je reconnais bien là l'humour qui était le sien. Lui qui s'était toujours préoccupé de ses patients comme de ceux qui l'entouraient, famille et amis, acceptait difficilement d'être pris en charge par les autres.

Mais peut-être a-t-il trouvé, au moins je l'espère, une forme de bonheur à constater combien il était aimé. Ma mère, je le sais, a été profondément touchée par les attentions quotidiennes dont ses amis ont fait preuve à son égard. Dans tous les services où elle a séjourné, le personnel hospitalier disait n'avoir jamais vu personne recevoir autant de visites qu'elle. Les temps cruels peuvent avoir leurs douces compensations.

La vie nous donne à voir les êtres humains, comme tout ce qui relève de la nature, prendre leur essor puis décliner. Est-ce une leçon pour nous mettre face à la vanité d'être humain ? Nous souhaiterions maîtriser le temps et l'espace ; il faut accepter un corps condamné à subir les outrages du temps. Comme le dit Hamlet face au crâne de celui qui fut le bouffon du roi : « Va donc trouver madame dans sa chambre et lui dire qu'elle a beau se mettre un pouce de fard, il faudra bien qu'elle en vienne à cette figure. » Dérision qui peut faire sourire pour ne pas grincer des dents. Nous aimerions oublier cette réalité.

Les expériences d'accompagnement peuvent être d'une grande violence. Nous sommes, ceux qui sont diminués par leur état de santé et ceux qui sommes proches d'eux, dans un état de sensibilité extrême. La moindre réflexion déplacée, ou que nous ressentons comme telle, ajoute encore à notre détresse. Toute forme d'agression ne fait que nous renvoyer à un sentiment déjà existant de solitude, d'impuissance et d'incompréhension. Pourquoi ? Pourquoi lui ? pourquoi elle ? pourquoi moi ?

Nous passons notre vie à penser qu'il existe une raison à nos actes et que les événements s'enchaînent en obéissant à une logique. Nous devons accepter qu'il n'y a ni raison ni logique à ce qui nous arrive. « C'est comme ça, c'est la vie. » Dans ces situations de totale vulnérabilité, où tant les sentiments que les capacités de raisonnement sont mis à l'épreuve, comment ne pas être sensibles aux attitudes et réflexions de ceux que nous rencontrons ? Un simple sourire pourtant, ne serait-ce qu'un sourire, nous réconforte.

Certains l'ont compris ; nous leur en sommes reconnaissants. Les services de soins palliatifs, comme certains services hospitaliers, de même que des médecins et des infirmiers, individuellement, font tout pour adoucir ces temps de douleur. L'environnement, les lumières, les couleurs, la musique parfois, sont pensés pour apporter le calme nécessaire, aussi bien aux malades qu'à leur entourage. Le contact est simple, naturel, chaleureux. C'est un oasis de paix pour nos corps et nos esprits épuisés.

Ma mère a passé les trois derniers jours de sa vie dans une unité de soins palliatifs. Elle était déjà inconsciente quand, sous ma responsabilité de médecin, j'ai pris la décision de l'y emmener, loin du bruit et de l'agitation d'un service hospitalier. Un service, comme tant d'autres, qui ont pour vocation de soigner, mais qui ne sont d'aucune façon préparés à *une fin de vie*. Elle était suffisamment consciente, cependant, pour que ce nouvel environnement fasse apparaître sur ses traits une incontestable détente. La sérénité que je pouvais lire sur son visage m'a profondément soulagée et m'a permis de trouver, moi aussi, une forme de sérénité.

Nous nous étions déjà dit adieu quand nous pouvions encore dialoguer. Mais je n'étais pas prête à me séparer d'elle. J'ai pu continuer à lui parler, dans le silence. J'ai appelé une amie, une jeune femme rabbin, dès que j'ai eu la certitude que la fin était proche. Je n'ai jamais été pratiquante. Face à la mort, les rites, le caractère sacré de la religion me furent d'un grand secours. Je le dois à Pauline Bebe qui, par la finesse de son écoute, son humanité, son ouverture d'esprit m'a permis d'y avoir recours.

Elle m'a raconté, comme elle sait si bien le faire, une de ces histoires *sages* qui semblent être, à tort, dites au hasard de la conversation : « Un jour, un rabbin voulait partir ; mais tous ceux qui l'entouraient et priaient pour lui l'en empêchaient. Une servante est alors entrée dans la chambre et, comprenant ce qui se passait, a cassé une cruche. Toute l'attention fut portée sur la cruche et le vieux rabbin put enfin quitter les siens. » Et elle ajouta : « Pars, sors, repose-toi. »

Je l'ai écoutée. Je me suis enfin décidée à accepter que ma mère puisse partir et à la laisser partir. Je me suis détachée de ses bras, de sa douceur, de sa chaleur, de son odeur. L'odeur de la crème que je lui mettais sur le visage et sur les mains. Je lui ai parlé longuement pour la dernière fois. Et j'ai laissé des amis m'emmener loin d'elle. On m'a annoncé sa mort, la nuit, dans les heures qui ont suivi.

Les souvenirs sont là, inscrits dans nos cellules. Mon corps se tend, je retrouve intactes les émotions alors ressenties. Mais ce ne fut pas le moment le plus douloureux. Les larmes, j'en avais beaucoup versées auparavant, surtout à l'annonce de la maladie : un cancer. J'avais vécu une scène identique concernant mon père, moins d'un an auparavant. Il se trouvait dans une période de rémission. « Ma pauvre petite, tes deux parents », me dit-il. C'était un cauchemar. Ce fut si brutal, pour l'un comme pour l'autre. Pourtant, je me souviens, même au plus profond de notre douleur, m'être sentie ce jour-là si proche de l'un et de l'autre. Je crois même que nous avons réussi à plaisanter.

Et ce fut ainsi pendant trois ans : des larmes et des rires. Des premières fois qui renvoient *a posteriori* à des dernières fois : ils ne peuvent plus sortir, ne peuvent plus supporter la nourriture, ne peuvent plus se lever... La liste est longue. Et à chaque fois c'est un deuil, un déchirement. Mais à chaque fois aussi la vie reprend le dessus : on est ensemble, c'est doux, c'est tendre, c'est triste, c'est gai, la vie continue. Et je n'ai de souvenirs de cette longue période que leurs présences, nos échanges, leurs sourires, leurs regards, notre amour.

Prendre le temps de se dire adieu

Prendre le temps de se dire adieu est essentiel, non seulement pour ce qui est à vivre dans l'instant, mais aussi pour notre avenir. Il est par conséquent du devoir des médecins de permettre aux proches de vivre cet adieu. Ils ont besoin de savoir quand la fin est certaine, afin de ne pas être brutalement confrontés à une réalité à laquelle ils ne sont pas préparés. Ensuite, chacun agira comme il le voudra, comme il le pourra. Le temps leur sera donné pour dire et partager. Pour aimer, avant tout.

Personne ne peut prévoir sa réaction. Il est inutile d'y penser ; il sera bien temps d'y faire face le moment venu. Il ne faut pas oublier que c'est une chance de pouvoir être là : ces instants sont précieux. Ce n'est pas toujours possible. Certains n'apprennent la mort d'un être aimé qu'*après*. On ne peut être toujours près de ceux que l'on aime sous prétexte qu'ils pourraient partir sans que nous soyons là. Nous ne pourrions pas vivre.

Le regret, la culpabilité n'en sont pas moins forts pour ceux qui sont absents. Un médecin, Jacques Lebas, relate dans son livre *À la vie, à la mort* sa douleur d'apprendre la mort de son père alors qu'il était *loin* : « Comme si, à force de regarder au loin, je ne savais plus regarder la détresse à côté de moi. Comme si je m'étais senti appelé par les malheurs du monde, pour mieux ignorer le malheur que constitue la mort d'un père, d'un proche. La mort d'un seul. »

Il ne se pardonnait pas de n'avoir pas été là. « Je reviens initié à la mort d'un père. Je savais [...] qu'il convient d'être attentif sous peine d'être poursuivi sa vie durant par la culpabilité. » Il est très important, pour eux comme pour nous, de les accompagner autant que nous pouvons. Mais il ne faut pas imaginer, comme certains le croient, que tout pourra être dit, enfin, à l'ultime instant.

Se dire adieu, c'est une succession d'adieux. Les adieux ne sont pas solennels, mais des petites phrases toutes simples. Elles sont dites avec sérieux, ou avec humour, pudeur oblige. On peut même prononcer en souriant ce que l'on sait être parmi les dernières paroles échangées. À l'instant où on les dit, on y croit et on n'y croit pas : ceux à qui les mots s'adressent sont là. On ne peut croire qu'ils ne sont pas éternels. Ceux que l'on aime *sont* éternels.

Ces mots et les gestes qui les accompagnent sont d'une portée immense pour ceux qui les disent, comme pour ceux qui les entendent. Il est une façon de se moquer de l'autre, en dénonçant des petits travers bien connus, qui exprime bien plus de tendresse et de complicité que ne le feraient de longs discours. Même certains agacements sont le fait d'une grande affection. Seul l'amour permet une telle connaissance de l'autre.

L'essentiel est d'accepter de part et d'autre que l'on soit des êtres humains et que l'on n'ait pas besoin d'être parfait pour être aimé. Il est bon de dire ou de s'entendre dire, à travers des mots, mais aussi des gestes et des regards : « Je me préoccupe de toi, je ne veux pas que tu aies mal, j'ai envie que tu sois bien. Merci pour ce que tu fais, pour ce que tu es... » Tout l'amour est là.

La *dernière parole* relève de la légende. Certains l'attendent, tout en se sentant incapables de dire le mot, les mots, qui les mettraient en paix avec eux-mêmes pour toujours. Comme ils ne peuvent faire en sorte de permettre à l'autre de les dire. Ils espèrent, jusqu'au dernier moment, pouvoir prononcer ces mots ou entendre l'autre les prononcer. Ce qui n'a pu être dit au cours d'une vie pourrait-il l'être, par miracle, quand la vie s'en va ?

Les dernières paroles sont celles de toute une vie. Nous ne devrions pas perdre une occasion de dire « Je t'aime ». Ou, tout au moins, de l'exprimer à notre façon. Pourquoi attendre cet instant ultime, d'autant qu'il est imprévisible et que personne ne peut être certain d'être là pour le partager avec celui ou celle qui s'en va ? N'y a-t-il pas auparavant nombre d'occasions pour exprimer son amour et comprendre que l'on est aimé ? Des occasions qu'il ne faut pas manquer.

Combien d'hommes ont attendu en vain *la parole du père* : celle qui puisse leur apporter enfin reconnaissance et pardon. Eux-mêmes ont-ils reconnu leurs pères, lui ont-ils pardonné ? De nombreux pères ont eu certainement besoin, eux aussi, d'entendre avant de partir qu'ils avaient été de bons pères. La demande de reconnaissance est réciproque. On l'oublie, tant chacun ne se sent concerné que par ses propres attentes.

Mais il est difficile, d'un côté comme de l'autre, d'accepter l'autre tel qu'il est ; de lui pardonner de ne pas être tel que l'on aurait désiré qu'il fût. De même, on pardonne difficilement à l'autre de ne pas nous accepter tel que l'on est. N'est-il pas un temps où il faut oublier les rancœurs pour faire appel à la tendresse, l'affection et, si nécessaire, au pardon ? Un temps où seul l'amour a droit de parole.

Ces hommes et femmes fragiles, inquiets à l'approche de la mort, sont et ne sont plus ce père et cette mère que l'on pouvait redouter dans le passé. Enfants et parents sont des êtres humains face à d'autres êtres humains. Est-il juste d'éprouver encore pour eux du ressentiment ? Il est un temps où l'on peut tenter d'aller au-delà des contentieux inévitables entre parents et enfants ? On peut essayer de comprendre ce qu'ils éprouvent, maintenant, face à la mort et considérer comme dérisoires des comportements qui ne sont que la conséquence de leurs propres difficultés à vivre ?

Certaines personnes âgées, il est vrai, restent capables, même dans un état d'épuisement, de prononcer quelques phrases assassines. Elles sont le fait de ce qu'a pu être de tout temps leur personnalité, mais aussi des inquiétudes relatives à leur nouvel état. Certains ne peuvent exprimer leurs peurs autrement qu'à travers une mauvaise humeur, des récriminations intempestives et des caprices répétés et sans objet. Ils sont anxieux et irritables. Leur insatisfaction permanente n'est autre que leur difficulté à accepter ce dont ils se sentent maintenant menacés.

Il faut prendre garde de ne pas donner à toutes ces manifestations une interprétation fausse ; une interprétation qui s'inscrit dans la continuité de la relation, ou plutôt dans la continuité de ce que l'on croit être la relation. Certains voient dans les réactions d'impatience ou les moments d'absence de celui qui est malade la preuve qu'ils ne sont pas aimés. Ou ils sont exaspérés de n'avoir, une fois de plus, pas fait ce qu'il fallait pour que l'autre soit satisfait. Ils sont enfermés dans la répétition de leur amour malheureux.

N'y a-t-il pas un temps où c'est au tour des enfants d'être tolérants et compréhensifs ? À leur tour d'apporter à leurs parents cette sérénité que ces derniers ne peuvent trouver ? À leur tour de faire le premier pas, même si les parents ne l'ont pas fait, vers l'acceptation réciproque de ce que chacun est ? Parfois, ils ont la sensation d'avoir beaucoup donné ; d'avoir déjà trop donné et n'avoir rien reçu en retour. Ils restent sur leurs positions, aussi malheureux de n'avoir pas les parents qu'ils voudraient que de ne pas être les enfants qu'ils aimeraient être. Ils sont, tout à la fois, en colère et coupables de l'être.

« Mes parents me renvoient toujours une image de moi dans laquelle je ne me reconnais pas. Et ils ne font pas le moindre effort pour changer. » Peu d'enfants, et peu d'adultes, ont la sensation que les parents les voient tels qu'ils sont. Ils se sentent enfermés dans une définition qui ne leur ressemble pas. Des réflexions, comme certains choix de cadeaux, laissent à penser que les parents n'ont pas compris qui était leur enfant. Quand les réflexions et les cadeaux, toujours aussi peu adaptés à ce qu'est l'enfant, se répètent, identiques, le fils ou la fille renonce, à son tour, à favoriser un dialogue. La communication, de part et d'autre, est vécue comme un échec.

La relation avec les parents, comme toute relation, est le fruit d'une rencontre : il en est de plus réussies que d'autres, de plus abouties. Contrairement aux autres rencontres, celle-ci nous est imposée. Elle nécessite, par conséquent, de parvenir à un compromis. Et ce, en n'oubliant jamais qu'aucune relation n'est parfaite ; aucune ne peut, ni ne doit l'être. Et en n'oubliant pas davantage tout ce que les parents ont pu donner à leur façon, même maladroite. Ils ont pu faire des erreurs, n'ont-ils pas donné leur amour, autant qu'ils le pouvaient ?

Quel contraste entre la magie que représente une naissance pour les parents et ce que deviennent ces mêmes parents, quelques années plus tard, dans le regard des enfants. Quand on assiste à leur bonheur, à la beauté des échanges, à leur désir de bien faire, d'être à l'écoute, de donner le meilleur d'eux-mêmes, on ne peut que croire à la qualité de ce lien. Quand on voit leur bonne volonté de réussir la relation, on ne peut imaginer qu'elle puisse échouer et engendrer tant de douleurs.

Et pourtant, l'enfant grandit et n'aura de cesse de s'éloigner d'eux. Les parents auront à faire le deuil du bébé, du jeune enfant, et de l'enfant qui n'est plus un enfant. Ma mère m'avait dit : « Comment peut-on, pendant tant d'années, se préoccuper de tout ce qui concerne son enfant pour, un jour, le voir refuser tout ce qui peut venir de nous ? » On attend tout des parents, puis on ne veut plus rien. Le plus souvent, on attend tout, en même temps que l'on ne veut rien. Les parents souffrent de cette distance imposée. D'autant qu'il ne leur est pas permis, à eux, de prendre de la distance.

Quand c'est au tour des parents de s'en aller, les enfants prennent conscience de ce qu'ils perdent. Ils voyaient ce qu'ils n'avaient pas reçu. C'est comme un compte à rebours où toutes les rancunes accumulées ont disparu pour laisser place à des regrets et une peine infinie. Cette prise de conscience commence quand les parents sont sur le point de partir. Et c'est alors que l'on reconnaît ce qu'ils ont d'irremplaçable. C'est alors que l'on peut se rapprocher d'eux. Il n'y a, paradoxalement, plus rien à craindre. L'amour prend le pas sur tout le reste.

La *dernière parole* est un leurre, mais les instants ultimes de l'accompagnement peuvent être propices à un échange d'amour et de tendresse. J'ai eu avec mon père et ma mère des moments que je n'oublierai jamais. J'ai été étonnée de constater combien j'étais touchée d'entendre ma mère me dire qu'elle m'aimait. Je n'en avais jamais douté, mais l'entendre me le dire m'a fait un bien immense ; de même que de pouvoir le lui dire.

Et, ce que je n'aurais jamais cru possible et qui m'a bouleversée : nous avons pu parler de l'*après*. Elle m'a fait part de ses interrogations et de ses craintes. Je lui ai promis, nous nous sommes promis de toujours penser l'une à l'autre. Sans m'y contraindre, je tiens ma promesse. Elle est là ; je sens sa présence. Je sens leur présence à tous deux.

Montaigne écrit, après la mort de La Boétie, qu'il publie ses essais pour « le remettre en vie » : « Je crois qu'il le sent aucunement (un peu), que ces miens offices le touchent et le réjouissent. De vrai, il se loge encore chez moi, si entier et si vif, que je ne le puis croire ni si lourdement enterré, ni si entièrement éloigné de notre commerce. »

Mes parents ne vivaient plus ensemble, mon histoire avec chacun d'eux est différente et pourtant je ne cesse de les associer, comme le sont leurs deux noms sur la tombe. Pour moi, ils sont avec moi, ensemble, inséparables. Ils étaient restés liés, d'un lien puissant mais non dépourvu de douleur et, par conséquent, difficile à vivre pour moi. Ils se sont retrouvés, rapprochés, accompagnés dans la maladie. Ils sont maintenant réconciliés et je suis réconciliée avec leur douleur de vivre.

Ce fut un long chemin. Les derniers mois que nous avons passés ensemble m'y ont considérablement aidée. Maintenant, ils m'accompagnent. Pour le meilleur.

2

Le deuil, les deuils

La mort des parents

Deuil qui dans mon cœur fit la nuit. Partout je ne voyais que mort. La terre natale m'était supplice, la maison paternelle étrange ennui. Tout ce que j'avais eu en commun avec lui s'était sans lui tourné en une torture affreuse. Mes yeux de tous côtés le réclamaient et rien ne me le donnait.

SAINT AUGUSTIN, « Confessions »

« Supplice », « torture », comment dire autrement le manque ? Dans les premiers temps, c'est une fulgurance ; un hurlement intérieur, un refus absolu du corps de s'abandonner à cette réalité. La douleur surgit au détour d'une rencontre avec un mot, un objet, une photo, une odeur, un souvenir. C'est une nausée de l'âme, un jaillissement de larmes qui n'attend presque rien pour déborder. Un rien qui renvoie avec force à tout ce qui a été vécu dans le passé.

C'est la confrontation brutale avec celui ou celle que l'on sent si présent et qui est si douloureusement absent.

C'est, comme on dit, une *disparition*. Les êtres aimés ne sont plus visibles. Je me souviens avoir éprouvé un vertige en sortant dans la rue : le monde continuait à vivre, sans eux. Dans ces lieux dont ils avaient fait partie, si longtemps, toute ma vie, ils étaient effacés, à jamais.

« Ma vie a désormais perdu son seul but, sa seule douceur, son seul amour, sa seule consolation », a écrit Proust au lendemain du départ de sa mère. La mort des parents est dans l'ordre des choses. Mais, pour nous, c'est toute une vie qui s'en va. Nous n'avons pas connu la vie sans eux : ils font partie intégrante de notre existence. Chacun entretient une relation particulière avec son père et sa mère : ces liens sont toujours déterminants pour notre vie.

J'avais, avec l'un et l'autre, des relations très proches. Ce n'est pas toujours le cas. Certains ne voient leurs parents qu'une à deux fois par an. Et, pour beaucoup, quelle que soit la fréquence de leurs rencontres, les relations restent très distantes.

Mais, chacun sait que, même éloignés ou étrangers à leur mode de vie, les parents demeurent présents dans leur esprit. Même pour ceux qui ont décidé de ne plus les voir, non sans raisons — et justement parce que ces raisons laissent entendre des relations conflictuelles —, le fait qu'ils soient en vie n'a pas la même résonance que s'ils étaient définitivement partis. Le lien persiste, le dialogue intérieur continue. Et, surtout, l'espoir demeure de pouvoir, un jour, avoir un véritable échange. On ne fait pas facilement le deuil d'un amour manqué.

C'est pour chacun, différemment, une autre vie qui commence à la mort de l'un des parents. C'est l'intégration en soi d'un lien fondamental. Il n'est plus possible de se référer à l'autre pour se définir pour ou contre lui. Tous les sentiments, qu'ils soient de l'ordre de l'amour ou de la haine, ou encore, ce qui est le plus fréquent, teintés d'ambivalence, il faut désormais les garder pour soi. L'autre n'est plus là pour donner la réplique.

Il faut faire le deuil de l'autre dans sa réalité quotidienne. Ceux qui habitaient à tel endroit, qui avaient telles habitudes, telles préférences, ceux qui nous réjouissaient ou nous irritaient parfois de leurs remarques, qui nous séduisaient par leurs sourires et leurs expressions si particulières ne sont plus. Cette actualité toujours surprenante de la vie relationnelle, cette force immédiate des sentiments, nous ne les revivrons pas. Le bonheur ou la douleur, intimement liés à la présence de l'autre, ont à jamais disparu...

Ces êtres *vivants* sont bien morts. Ils laissent place à une présence intemporelle. Nous gardons d'eux une image presque fixe, une photo en mouvement. Il nous faut effectuer le passage entre ce qui fut une présence de chair et ce qui devient une présence subtile, impalpable. Le cheminement pour y parvenir exige de nous un travail d'élaboration du réel ; de déconstruction et de reconstruction, d'adaptation progressive à une réalité qui est devenue autre. C'est le travail de deuil.

« La mort, c'est peut-être ça, uniquement ça, une mémoire qui s'abolit. Nous ne sommes uniques, irremplaçables que par ça. Les souvenirs qu'on laisse, c'est au gré de chacun et ce n'est rien. Et le corps, il peut, loin des regards, se décomposer en paix, dans le silence des cimetières. Mais les souvenirs, les images, les idées, les saveurs qu'on emporte — qu'on emporte, quelle connerie ! —, qui disparaissent à jamais. » Ce sont les mots de mon père. Des mots prêtés à l'un des personnages du roman qu'il a écrit, intitulé *Le Regard des statues*.

Celui ou celle qui part emporte avec lui sa mémoire. Et nous, qui restons là, n'avons plus que nos souvenirs. Ce n'est pas rien. Mais, en comparaison avec l'infinie richesse du monde de celui qui nous quitte, c'est si peu. À la mort de mon père, même ces souvenirs s'étaient évanouis. Lui qui avait tellement compté pour moi et avec qui j'avais tant partagé, il avait disparu de ma vie. Comme s'il n'avait jamais existé. Comme si rien n'avait jamais existé.

Porchia a dit : « Le trépas d'une âme : chose légère, presque silence. » Un silence d'une densité quasi palpable, la sensation d'une absence non seulement de sa personne, mais de toute cette vie que nous avions vécue ensemble. Il m'a fallu du temps pour que je retrouve, et sans une grande émotion, des sensations reliées à son existence. Des sensations de ce que fut ma propre existence.

Quand je parlais de lui avec une de ses proches amies, alors tout revenait. Comme le sang revient dans des membres gelés, j'étais envahie en même temps du bonheur de le sentir revivre et d'une douleur brutale : sa présence redevenait réelle. Il était là, à nouveau. Même maintenant, la réalité de ce qu'a été son existence n'est pas quelque chose que je me plais à rechercher. Un lieu existe où chaque recoin fut témoin de nos dialogues et de notre complicité. J'y suis retournée une fois, me croyant à l'abri de mes émotions. Ce n'était pas le cas. À peine passé la porte, les souvenirs m'ont foudroyée. Sa présence était partout.

C'est ce que nous ressentons lorsqu'il nous faut accomplir cette tâche si pénible qui consiste à ranger, trier, éliminer ou garder les objets, vêtements, papiers de ceux qui ne sont plus là. Tout nous parle d'eux. Tous nos sens sont concernés : le toucher des tissus, la vue des objets si familiers et, bien entendu, le parfum, dont l'odeur est ce qui évoque avec le plus de force leur présence.

Il est des livres, meubles, objets que l'on va intégrer dans notre vie quotidienne, avec bonheur ; d'autres que l'on donne, avec bonheur aussi. Et puis, il y a ces quelques affaires que l'on garde dans des cartons, dans des tiroirs, dans la cave. On ne sait pas encore ce que l'on va en faire, mais on n'est pas prêt à s'en séparer.

Un garçon, voyant une malle où l'on avait rassemblé les affaires de son frère, mort à vingt ans, pensait avec une grande tristesse que c'est là tout ce qui restait de lui, de ce qu'avait été sa vie. Comme cette jeune femme qui, apprenant la mort de son père à l'hôpital, s'était vu remettre, rassemblés dans un petit sac en plastique, les quelques effets qui lui appartenaient. Sans un mot pour accompagner ce geste mécanique, sans le moindre écho au drame qu'elle était en train de vivre. Une mort de plus à l'hôpital. Comme si, là encore, la vie se résumait à ce petit sac et cette étiquette où figuraient le nom et le numéro de chambre. Leur vie, une vie réduite à presque rien.

Heureusement, la vie ne s'arrête pas là. Ceux qui ne *sont plus* demeurent dans nos pensées. Leur existence se prolonge dans notre quotidien à travers tout ce qu'ils nous ont donné, appris, transmis. Et c'est là, dans tout ce que nous retrouvons d'eux en dehors de leur présence, au-delà de leur absence, que nous pouvons prendre conscience de ce qu'ils ont été. Nous prenons conscience de ce que nous sommes, en relation avec ce qu'ils ont été. Proust a dit : « Depuis la mort de mes parents, je suis [...] moins moi-même, davantage leur fils. »

Une femme qui recevait des compliments sur ses qualités d'hôtesse disait combien elle était heureuse de rendre ainsi hommage à sa mère. Même si elle regrettait de n'avoir pu, de son vivant, apprécier à sa juste valeur toute sa générosité et le lui faire savoir, elle répondait à son désir en se comportant comme elle le faisait. « C'est normal, non, de se comporter comme ça ? » : des comportements que nous pensons être naturels et du registre de la *normalité*, c'est bien souvent le leur que nous adoptons sans nous en rendre compte. C'est leur façon de continuer à vivre en nous.

Nous leur adressons un sourire reconnaissant et complice. Leur *présence* nous console de leur absence. Leur amour nous guérit du chagrin de leur départ. Si nous sommes tentés de nous laisser aller à notre chagrin, nous pensons : « Je sais qu'il ou elle n'aimerait pas me voir comme ça. » Et nous pouvons les entendre dire : « Allez, ne te laisse pas abattre. Sors, amuse-toi, profite de la vie : ça passe si vite. » Quand ils s'en vont, n'a-t-on pas alors cette sensation : la vie, c'est juste le temps d'un claquement de doigts ?

Penser à eux nous permet de réagir dès que nous sommes envahis par le découragement et le désespoir. Nous leur devons bien ça. Ils prennent soin de nous et nous devons prendre soin d'eux. Même s'ils ne sont pas là, il nous faut tenir compte de ce qu'a été leur existence, respecter ce qu'ils ont été et les liens profonds qui ont été les nôtres. Comme dit Montaigne, « le soin des morts nous est en recommandation ».

C'est à nous de permettre que le dialogue se poursuive dans un temps qui n'a plus d'âge, dans un espace qui n'a plus de frontière, dans une relation d'une infinie douceur. Quand nous nous sentons seuls, quand la douleur pourrait prendre le dessus, nous pouvons faire appel à eux pour nous donner la force de vivre. Nous ne devons jamais oublier leur présence aimante et bienveillante. Nous ne sommes plus seuls.

Le deuil de la relation

Cela prend du temps. D'autant plus de temps que l'on a, en plus du deuil de leur présence, le deuil à faire de la relation. « Que n'ai-je su dire, en temps voulu, les pensées que je gardais dans mon cœur ? Comment ai-je pu croire qu'il était toujours possible de remettre à plus tard *la* conversation que nous devions avoir ? Que n'ai-je su faire le geste nécessaire pour exprimer mes sentiments ? » La peur, ou encore la pudeur, ont pris le pas sur nos élans. On n'a pu dire notre amour. On le regrette.

Nombreux sont ceux qui regrettent de ne pas avoir été plus aimants, mais aussi plus tolérants face au comportement de leurs parents. L'enfant, selon des critères qui sont les siens, met en cause le destin de ceux qui l'ont mis au monde. Il nie, à sa façon, leur histoire et leur vie, renie l'histoire de leurs vies, simplement parce qu'elle n'est pas en accord avec l'idée qu'il en a. L'enfant se donne le droit de juger la vie de ses parents.

Il vit mal ce qu'ils ont mal vécu. Il subit la douleur consécutive à ce qu'ils ont eux-mêmes subi. Les souffrances et frustrations de ses parents sont devenues les siennes. De leur vivant, il leur en voulait de leur absence de bonheur. Maintenant qu'ils sont morts, il la prend à son compte. Il ne peut plus leur en vouloir ; il s'en veut de ne pas les avoir mieux compris. Le malheur de l'enfant est qu'il se sent responsable du malheur de ses parents.

La mort réveille presque toujours un sentiment douloureux de culpabilité : « Je n'aurais pas dû », « Je n'ai pas su ». Le fils ou la fille souffre de ce dont ses parents ont manqué ; il en souffre d'autant plus qu'il pense avoir manqué à son rôle d'enfant. Il se reproche son manque à aimer, son manque à être, sa désinvolture, sa faiblesse, sa lâcheté. La douleur vient de ce que les parents n'ont pas vécu mais, plus encore, de ce qu'il ne leur a pas permis de vivre. Il aurait tant aimé réparer leur mal de vivre : les aider à mieux vivre.

Aucune histoire n'est parfaite. La voudrions-nous parfaite pour ceux que nous aimons ? Pourquoi cette intolérance envers leurs erreurs ? D'où vient ce refus d'accepter ce qu'ils ont été ? Avons-nous un droit de regard sur ce qu'ils auraient dû faire ou ne pas faire ? Nous rejetons ce qu'a été leur vie par rejet de ce que la nôtre peut devenir.

Nous croyons porter sur leur vie un regard d'adulte. Mais c'est l'enfant qui juge ; et qui souffre en même temps qu'il juge. Notre histoire est si intimement liée à la leur. Nous avons partagé leurs espoirs, leurs craintes, leurs angoisses, leurs peurs. Même si nous les avons refusés, nous les avons portés, vécus en nous, et ce contre leur volonté et la nôtre. C'est un lien viscéral. Bien au-delà des mots.

De la vie de mes parents, je peux parler avec une relative objectivité. L'adulte que je suis a désormais compris leurs forces et leurs faiblesses, les sentiments qui les ont guidés, à tort ou à raison, les malentendus dont ils ont pu être victimes, les petites ou grandes trahisons dont ils ont souffert. Mais je les connais aussi du dedans : quand ils m'accompagnent, maintenant, c'est de cette connaissance-là qu'il s'agit. Une connaissance d'âme à âme.

Je me sens quitte avec eux. Je n'ai pas de regret, pas de remords. Je pourrais en avoir : je n'ai pas été parfaite, mais ils ne l'ont pas été non plus. Je n'ai pas envie de revenir sur le passé, le leur, le nôtre. Ils ont vécu comme ils avaient à le faire, bien et mal à la fois. C'était leur vie.

Ce n'était pas à moi de les guérir de leurs blessures, même si je l'ai cru parfois, trop souvent. Mon comportement à leur égard, sans que j'en sois consciente, allait dans ce sens. De même, ils ne pouvaient être là pour tout comprendre de ma vie et résoudre à ma place ce qui ne concernait que moi. Si je l'avais su plus tôt, si nous le savions tous, ce serait tellement plus simple.

Tant d'adultes portent les souffrances de leurs parents. Tant de parents s'imaginent capables de protéger leurs enfants, non seulement des souffrances qui sont les leurs, mais de celles qu'ils sont susceptibles d'éprouver. « C'est pour ton bien », disent-ils, s'acharnant à prévenir des problèmes qui n'existent pas. Leur angoisse est telle qu'elle les rend malheureux en même temps qu'elle fait le malheur de leurs enfants.

Les épreuves que nous traversons ne sont pas toujours visibles pour ceux qui nous côtoient. Nos états d'âme sont même parfois incompréhensibles pour ceux qui s'imaginent faire, autant que possible, notre bonheur. On peut nous voir heureux là où nous ne voulons pas l'être et nous croire malheureux là où nous nous portons très bien. Il est difficile d'agir et de penser pour l'autre.

Nous aimerions, à juste titre, avoir le pouvoir de rendre ceux que nous aimons le plus heureux possible. Mais ce n'est pas en leur imposant ce que nous pensons être la solution à leurs difficultés que nous pouvons y parvenir. Ni en intervenant activement dans leur vie en fonction de critères qui sont les nôtres. Arrêtons de prendre en charge ceux qui nous sont proches ou de vouloir être pris en charge par eux ; et ce, d'autant plus qu'ils nous sont proches. Arrêtons de penser que nous aurions pu, que nous aurions dû agir autrement afin que l'autre puisse vivre autrement.

Au mieux, nous pouvons être là : avoir le mot juste et une vraie présence. Comme nous devons être reconnaissants à ceux qui savent être là pour nous. Sans oublier que nous sommes seuls à pouvoir nous libérer de notre mal de vivre. Ceux qui veulent nous aider, comme ceux que nous voulons aider se heurtent à de fortes résistances. On laisse peu d'emprise aux bonnes volontés d'autrui. Il ne suffit pas de dire, ou de s'entendre dire, ce qu'il serait préférable de faire, même si le conseil est judicieux, pour agir en conséquence.

« Je voudrais faire des miracles. Ne pas pouvoir protéger les autres de leurs souffrances m'est insupportable. » Nombreux sont ceux qui aiment à entretenir l'illusion de leur toute-puissance. Ils ont besoin de croire que tout est possible : ils peuvent *tout* faire pour l'autre, comme l'autre peut *tout* faire pour eux. Coupables de ce que l'autre n'a pas vécu et qu'ils ne lui auraient pas permis de vivre, ils ne peuvent faire le deuil d'une relation non aboutie, comme restée en suspens. Ils restent en attente d'une satisfaction de l'autre qui pourrait enfin les satisfaire.

Ils ne sont jamais en paix avec leur conscience. L'autre, par les reproches qu'il se font à son égard, ne cesse de les hanter. Or, pour qui souffre de se sentir toujours en dette avec celui ou celle qui l'a quitté, et ce sans que rien n'ait pu être réglé, toute vie est impossible. Il s'interdit de vivre. On pourrait dire, il s'interdit, lui aussi, de vivre. Comme si, par une solidarité qui ne lui a jamais été demandée, il se condamnait à mourir à la mort de celui ou celle qu'il aimait.

Le deuil est d'autant plus difficile à faire que la relation n'a pas été bien vécue. Ceux dont on dit qu'ils ne se remettront jamais d'une disparition, tant ils sont attachés à la personne qui vient de les quitter, retrouvent plus vite qu'on aurait pu le prédire leur sourire et leur vitalité. Ils peuvent penser aux *absents* en toute quiétude. Les sentiments inaltérables qu'ils éprouvent à leur égard leur donnent de la force et une joie de vivre.

Pour les autres, comme dans un deuil amoureux, l'histoire se répète sans fin et constitue une sorte de vie parallèle. Ils poursuivent un dialogue impossible avec l'absent. En proie à des interrogations vaines, leur tourment est incessant. Leurs questions ont le poids d'une persécution que rien, dans le réel, ne peut apaiser. Ils ne peuvent, ni ne veulent, se détacher de leur passé.

Ils en oublient presque ceux qui sont vivants à leur côté. Ils sont aveugles à qui leur offre un amour possible et présent, préférant la froideur d'un dialogue avec les morts à la chaleur de ceux qui sont prêts à partager leur vie. Hamlet ne s'interdit-il pas de vivre tant qu'il n'a pas vengé son père ? Ne repousse-t-il pas ses amis et la douce Ophélie ? Et quand il meurt, il demande à son ami de transmettre la vérité sur sa mémoire. « Horatio, je meurs ; mais toi qui vis, justifie-moi et explique ma cause à ceux qui douteront. [...] Quel nom terni me survivrait si rien n'était connu ! »

Le flambeau qui se transmet entre ceux qui partent et ceux qui restent est source de vie. Mais il peut être générateur de mort, dans le sens d'une entrave à la liberté de vivre, pour ceux qui ont en charge la mémoire d'un être aimé : ceux qui se sentent tenus de répondre d'une vie qui n'est plus. Cette *mémoire* leur interdit de vivre : elle prend le pas sur l'amour et les plaisirs possibles. Tout ce qui n'a pu être compris reste en suspens, comme un chapitre inachevé, dans l'attente d'être résolu. Il est des fidélités à un être absent qui empêchent de vivre.

Ces liens sont puissants et invisibles ; d'autant plus puissants qu'ils sont invisibles. Ceux qui ont la sensation d'être *passés à côté* d'une relation restent fixés sur ce qu'ils n'ont pas vécu. Ils en oublient de se donner les moyens de vivre ce qui leur est donné à vivre, ce qu'ils pourraient vivre. La vie offre maintes occasions de rattraper nos erreurs passées. Faut-il, sous prétexte de ces erreurs, continuer à vivre, encore et encore, à tort et à travers ?

N'a-t-on pas les moyens de se rendre la vie belle et de la rendre belle à ceux que nous aimons ; à ceux qui sont maintenant dans notre vie ? Ainsi pouvons-nous faire honneur à ceux qui nous ont aimés, ceux qui auraient tant aimé que nous soyons heureux. Ne peut-on leur faire le cadeau de penser à eux avec bonheur ? Ma mère avait exprimé le souhait que l'évocation de son existence, lorsqu'elle ne serait plus là, puisse me faire sourire et non pleurer. Qu'il serait bon que chacun permette à ceux qu'il aime de penser à lui, quand il ne sera plus, avec bonheur.

Pourquoi faire souffrir son entourage de son propre malheur alors que l'on sait ce qu'est souffrir du malheur des autres ? Brisons cette chaîne de douleurs et de culpabilités. Notre dette, si dette il y a, consiste à faire mieux, toujours mieux, que ce que nous avons fait et que ce que nos parents ont fait. Notre dette consiste non à faire perdurer le malheur, mais à trouver le bonheur.

Alfredo Express, un film italien, donne à voir une jolie métaphore du problème de la dette. Un père fait venir son fils à l'âge de sa majorité afin de lui rendre compte de tout ce qu'il a dépensé pour son éducation. Le fils devra payer sa dette quand, à son tour, il deviendra père. Et le père de citer, en passant, tous les malheurs qui ont pu toucher ceux qui ont désobéi à *la* règle. On voit ensuite le fils étendu près de sa femme, laquelle est prête à accoucher. Il va prendre le train pour Rome, non dans le dessein de régler sa dette, mais pour expliquer à son père qu'il ne peut pas la payer.

Les péripéties dans le train ponctuent un parcours initiatique, vécu sur un mode onirique. La dernière scène se passe dans une grande pièce avec une table qui semble interminable : on y voit des hommes sans âge discuter entre eux avec animosité. Chacun continue à régler ses comptes avec son propre père. Celui que l'on imagine être le plus âgé regarde au-dessus de lui, réglant ses comptes avec... Dieu. Le fils retrouve son père en se sentant délivré de sa dette. Il comprend que c'est une illusion de penser pouvoir un jour la régler.

Combien ne se donnent pas le droit de vivre tant qu'ils n'ont pas réglé leur dette. D'autant qu'ils ignorent, le plus souvent, s'ils seront capables de la régler un jour, ni comment. Tant d'hommes, après que leur père est mort, trop tôt, sans que ce dernier ait pu réaliser sa vie, s'interdisent eux-mêmes de réaliser la leur. Ils ne cessent de rechercher ce père absent. Ils mettent leur passion à comprendre ce que ce dernier n'a pu accomplir et oublient qu'ils ont leur propre vie à vivre.

Un homme considérait comme un sursis, en quelque sorte, de continuer à vivre après que son père était parti ; il avait dépassé l'âge auquel son père était mort. Il n'était pas certain d'avoir le droit de vivre. Il recherchait son père dans tous les livres qui lui parlaient de l'au-delà, dans les livres des morts, dans tout ce qui avait trait à l'ésotérisme. C'était pour lui une façon d'être ailleurs, dans un autre monde et dans un autre temps. Il vivait dans son monde, en compagnie de quelqu'un qui n'était plus de ce monde. Une façon de ne pas vivre.

Mais qu'avait-il donc à payer ? En quoi était-il responsable de ce départ prématuré ? Son père aurait-il souhaité, même un instant, voir son fils se refuser aux plaisirs de la vie sous prétexte que lui-même ne vivait plus ? Tant de parents sont soucieux de l'avenir de leurs enfants et inquiets de partir trop tôt. Il ne leur importe, s'ils ne peuvent les accompagner aussi longtemps qu'ils le désirent, que de les savoir heureux.

Ceux qui partent n'ont d'autre souhait que le bonheur de ceux qui restent ; même s'ils n'ont pas eu le temps et le loisir de le dire. Et si ce n'est pas le cas, pour ceux qui ne pensent qu'à leur douleur de partir, qui n'ont accumulé que haine et colère envers la vie, et qui n'ont pas su, pas pu exprimer des sentiments d'amour, pourquoi leur faire le cadeau de notre malheur ? Pensons à ceux qui nous ont aimés, à ceux que nous avons tant aimés et réjouissons-les de notre joie de vivre.

Il est des deuils plus douloureux à vivre que d'autres : ceux qui ne sont pas *dans l'ordre des choses*. Les morts accidentelles et surtout les suicides, qui laissent les proches dans le plus profond désarroi. Ces derniers sont brutalement confrontés au vide et à l'absence. Ils n'ont pas pu prendre le temps de dire au revoir. « Quand quelqu'un est malade, on peut se préparer à son départ. Et puis, ce n'est pas lui qui décide de partir. » Ainsi s'exprimait une femme dont le fils s'était suicidé. Le deuil est d'autant plus difficile que l'autre est parti de son plein gré et que l'on n'a pas eu le temps de s'y préparer.

Jamais nous ne sommes prêts au départ de ceux que nous aimons. Cela reste un traumatisme, en toutes circonstances. Même quand nous les savons malades, nous n'ignorons pas qu'ils *peuvent* nous quitter prochainement. Dans le cas de ma mère, je sais qu'elle a lutté de toutes ses forces pour rester le plus longtemps possible avec moi. Elle a *attendu* que je sois prête pour partir. Que je sois prête à la laisser partir. Elle était épuisée. Elle avait dépassé depuis des mois le temps que les médecins lui avaient accordé à vivre. C'est son amour qui l'a, autant qu'elle le pouvait, maintenue en vie.

Dans la maladie, nous voyons ceux que nous aimons se préparer à la mort, et c'est une façon de faire avec eux le deuil de leur propre vie. Comme si la mort, tout doucement, se mêlait à la vie par des détachements successifs auxquels nous assistons et qui sont, pour eux comme pour nous, autant de fragments de vie qui s'en vont. Nous les voyons se défaire de tout ce qui leur procurait le désir de vivre et nous nous séparons peu à peu des plaisirs que nous pouvions partager. Ils sont déjà dans un autre monde, dans un *ailleurs* qui les éloigne de nous.

Il devient plus acceptable, si l'on peut dire, de les voir perdre ce qui ressemble de moins en moins à une vie, à leur vie : la vie, telle qu'elle est devenue quand ils la quittent, a perdu une grande part de sa saveur. Mon père avait écrit : « Peu à peu, s'est détaché de moi tout — presque tout — ce qui donnait du sens et du goût à ma vie. Comme un arbre à la fin de l'automne, mais sans promesse d'un nouveau printemps. La maladie a, depuis un an, accéléré le mouvement. Il ne faut rien exagérer : je ne m'en vais pas content. Mais dans l'état où je suis et où je ne puis que m'enfoncer, ça ne vaut vraiment pas la peine d'insister. Ni pour moi, ni pour les autres. »

Restituer ce que mon père a écrit, c'est continuer à lui donner la parole. C'est poursuivre avec lui une réflexion, la sienne et la mienne. La mienne, influencée par la sienne ; pourrait-il en être autrement ? Je le remercie de m'accompagner de ses pensées ; plus particulièrement de sa pensée pour moi. Il a écrit deux lettres, quelque temps avant sa mort, dont une m'était destinée. C'est un grand privilège, cette présence qui m'accompagne à travers ses écrits. Surtout, le fait qu'il *m*'ait écrit légitime un héritage, m'autorise à poursuivre le dialogue, à continuer sur la même voie que la sienne. Par sa parole, il me donne la parole.

Mais rares sont les *lettres-testament*. Beaucoup souffrent de l'absence d'un héritage : objets, paroles, écrits qui signent une reconnaissance de ce qu'a été leur existence pour celui qui n'est plus. Il leur faut alors reconstituer la relation par le souvenir de moments privilégiés, de certains enseignements, de lieux, de sourires, de regards. Ce n'était pas les signes qu'ils attendaient. Mais ils peuvent s'y référer pour retrouver la permanence d'un lien dont ils ont pu douter. Se les remémorer tient lieu de testament, quand celui-ci est absent.

La disparition soudaine

Il est des parents, enfants, amis, amants qui partent si tôt et si vite que le travail est long pour réparer ce qui n'a pu en aucune façon être préparé. Ceux qui sont partis n'étaient pas prêts à partir. Ceux qui les ont vus partir n'étaient pas davantage prêts à les voir partir. Un accident donne à vivre le choc brutal de l'absence. La disparition soudaine fait l'effet d'un poison et ne laisse pas en paix. Les souvenirs s'entrechoquent, des événements sont revécus de façon obsessionnelle. La sensation d'inachevé, propre à toute séparation, est ici plus évidente que jamais.

La façon dont mon patient brutalement disparu dans un accident de voiture avait appris la mort de son père fut un des événements les plus marquants de sa vie. On était venu le voir pour la lui annoncer, alors qu'il avait neuf ans et se trouvait en pension, loin des siens. Ensuite, silence. Il n'entendit plus jamais parler de son père. Il n'alla pas à l'enterrement, ne revit plus l'appartement où ils avaient vécu. Il gardait de son père le souvenir d'une main potelée, chaude et rassurante, dans laquelle il glissait sa main d'enfant. Et, de l'appartement de son enfance, un lieu vaste et confortable avec des beaux meubles orientaux. Son père était d'origine arménienne.

Lorsqu'une bombe éclata dans sa rue, pendant la guerre d'Algérie, il compara l'explosion suivie d'un silence à ce qu'il avait vécu, enfant, à l'annonce de la mort de son père. Sa mère s'était vite remariée avec un homme qu'il n'aimait pas. Tout s'était refermé sur cette béance créée par l'absence. Il apprit beaucoup plus tard, et par hasard, que son père s'était suicidé. Il ne cessa de s'interroger : pourquoi, comment ?

Il se passionna pour la littérature. Il se fit un monde, un monde bien à lui, des livres qu'il aimait. Une façon de se protéger du monde extérieur qu'il vivait comme étranger voire, le plus souvent, hostile. Les livres qu'il préférait étaient les plus longs à déchiffrer, ceux qui lui étaient difficiles d'accès : comme la parole du père. Pas tout à fait, avec du temps et du travail, il pouvait parvenir au bout de sa tâche ; le livre restait là, il pouvait continuer à chercher.

Il avait lu et relu *Ulysse*, de Joyce, qu'il aimait pour la qualité et la complexité de son contenu. Les livres avaient valeur de parcours initiatique. Et il pouvait, comme Ulysse, partir au loin faire un long voyage et s'aventurer dans un monde inconnu. Cela signifiait qu'il s'autorisait à vivre, enfin. Il s'était auparavant enfermé, comme tous ceux qui ont un caractère obsessionnel, dans un univers clos. Un univers qui le rassurait par tout ce qu'il contenait de repères familiers. Désormais, il pouvait quitter cet espace relativement limité qu'il s'était construit et partir à la rencontre de nouveaux lieux, de nouvelles personnes.

Pour célébrer cette liberté retrouvée, en même temps que la fin de notre travail, il avait décidé de m'offrir un souvenir que je garderais avec moi, comme il pouvait garder le livre que j'avais écrit. Il fit une reliure du livre de Porchia, *Voix*, un livre que nous aimions l'un et l'autre, recouvrant le mot « Voix » d'une coquille. La coquille symbolisait la mer : la voix que l'on emporte avec soi, par-delà les mers.

Il lui avait été difficile de se construire sans repères : un père absent dont on ne parle pas, une mère maniaco-dépressive qui, dans ses phases maniaques, le heurtait par son absence de retenue et de pudeur. Lui-même connaissait des périodes de mélancolie : c'était alors un petit garçon perdu, fermé, silencieux. Il m'avait un jour fait part de son désir de disparaître. Je lui avais demandé de ne pas le faire pour sa famille, ses amis et moi-même. Cet enfant désespéré inspirait de la tendresse et j'avais ressenti son besoin qu'une main aimante lui caressât les cheveux. La séance suivante, il me dit s'être au dernier moment souvenu de mes paroles et avoir retenu son geste. Il avait eu la sensation qu'une main lui caressait les cheveux.

Dans le travail que nous avions fait ensemble, il avait découvert qu'il pouvait être *aimable*. Le manque d'amour dont il avait souffert, il n'en était pas responsable. Il s'était longtemps cru le *seul malade* dans un univers où tout le monde était sain, excepté lui. Penser que les autres pouvaient, également, être malades, lui permettait de ne plus se sentir responsable, non seulement de son propre malheur mais du malheur des autres. Il avait le droit de vivre.

Le sentiment d'illégitimité, de non-appartenance au monde, atteint chez certains une telle intensité qu'elle ne leur permet pas de vivre. Ils ne pensent plus qu'à disparaître. Peu importe qu'ils soient ou non aimés ; ils sont convaincus qu'il n'y a pas de place pour eux sur cette terre. La sensation de rejet qu'ils ont éprouvée dans leur enfance est plus forte que les manifestations d'amour qu'ils peuvent recevoir par la suite. Ce sont eux qui finissent par rejeter une vie qui correspond trop peu à ce qu'ils en attendaient.

Peut-on jamais savoir pourquoi un être humain attente à ses jours ? Cet acte, si culpabilisant pour l'entourage, surtout pour les parents qui perdent leur enfant, peut-on l'expliquer par ce que d'autres auraient fait ou n'auraient pas fait ? Doit-on en rechercher l'origine dans l'enfance, dans tel ou tel comportement des parents ou de l'entourage ? Le désespoir qui précède cet acte est-il présent depuis longtemps ou est-il l'effet de circonstances immédiates et momentanées ? Un malheur passé ou présent ne suffit pas pour comprendre un geste suicidaire.

En écoutant une mère raconter, si l'on peut utiliser ce mot, le suicide de son fils avec une immense douleur contenue et une grande dignité, se dessinait un destin qui leur avait échappé à tous deux : une trajectoire de vie qui devait en arriver à cet acte. Acte sur lequel ni l'entourage ni lui-même n'avait eu la moindre emprise. Comme s'il y avait dans le comportement de cet enfant, puis de cet adolescent, quelque chose d'insaisissable, depuis longtemps déjà.

C'était un accident et ce n'était pas un accident. Un geste décidé sous l'effet conjugué du désespoir et de l'alcool, mais un geste qui venait de plus loin : des origines de son histoire, dans un temps reculé, impossibles à déterminer. Cette mère qui s'interrogeait sur la mort de son enfant en était venue à repenser le moment de la naissance. Elle ne cessait de revivre l'histoire, toute l'histoire, depuis le début.

Elle cherchait dans son désir d'enfant, dans ce qu'a été le désir de cet enfant, dans ce qu'il a pu représenter pour elle, dans la façon dont il a été accueilli, dans la valeur profonde de cet acte de création, le pourquoi de cette disparition. Elle a donné la vie à un enfant qui a décidé de se donner la mort. Questions des plus fondamentales qu'une femme puisse se poser. Interrogation qui prend ses racines dans son identité de femme, de mère, de fille, d'épouse. Dans le sens de tout acte, dans le sens de la vie

Tout s'effondre. Non seulement parce que le chagrin est incommensurable, mais parce que l'interrogation a les dimensions d'une déchirure. Elle atteint les zones les plus profondes, les plus obscures de la condition d'être humain. Pourquoi ? Pourquoi cet enfant, à l'aube de sa vie, avec tout le potentiel de vie qui est le sien — « il était si vivant » —, pourquoi a-t-il refusé de vivre quand tant d'autres, apparemment condamnés à mourir, se battent pour survivre ?

« Il avait tout pour lui. » Certainement ; mais il ne le vivait pas ainsi. Il lui manquait ce qui était pour lui essentiel, ce qui lui procurait le désir de vivre : l'amour de celle qu'il aimait. Qu'il aimait passionnément. Certaines façons d'aimer ne sont-elles pas suicidaires ? Tout attendre d'une personne, d'une réponse, d'un *oui*, c'est se mettre soi-même en grand danger. On a envie de disparaître du monde, une fois que l'être aimé vous a exclu du sien. Si la présence de l'autre est question de vie ou de mort, sa disparition est une condamnation à mort.

Le deuil amoureux

Quand l'autre est *toute sa vie,* comment envisager la vie en dehors de lui ? « Tu ne veux pas de moi ; je ne veux pas de cette vie sans toi. » Seul un acte volontaire peut répondre à un autre acte volontaire. L'acte suicidaire est un geste de révolte et d'impuissance, mais c'est un acte : la seule violence possible en réaction à la violence de qui peut vivre sans nous, de qui nous rejette hors de sa vie. Le seul cri que l'autre puisse entendre quand il ne veut plus rien entendre de nous. « Tu es mort pour moi, eh bien je mourrai pour toi. » On peut mourir pour qui peut vivre sans nous.

« J'aurais préféré qu'il soit mort. Il m'aurait quittée contre son gré. Qu'il vive ailleurs me donne envie de mourir. » Ainsi parlait une femme désespérée après que son mari l'eut quittée. La séparation décidée par l'autre n'est-elle pas pire, parfois, que la mort qui emporte l'être aimé ? La mort est définitive ; la séparation peut laisser espérer qu'elle ne l'est pas. Mais, pour qui a vu l'autre faire le choix de partir, la distance imposée est plus qu'absence : elle est rejet, abandon, exclusion. Ce choix, ou plutôt ce non-choix est une mise à mort volontaire de la relation : une mise à mort de celui ou celle qui continue à aimer.

Cet abandon est d'autant plus douloureux qu'il fait écho à d'autres, plus anciens. Il réveille les vieilles blessures, renvoie à d'autres deuils. Une fois encore, c'est la certitude de ne pas pouvoir exister pour un autre, de ne pas être digne d'être aimé. Ce n'est pas seulement l'autre qui est en jeu : c'est une histoire entre soi et les autres, entre soi et son passé, entre soi et soi. Réapparaît ce qui avait été un temps oublié : un non-désir de vivre.

Certains ne vivent que par rapport à un autre avec lequel ils établissent un lien quasi fusionnel. Ils attendent de cette relation une dépendance proportionnelle à toutes les frustrations qu'ils portent en eux. Aussi, quand il leur faut, par la volonté de l'autre et non la leur, faire sortir l'être aimé de leur cœur, c'est leur vie qu'ils remettent en question. La vie même.

Dans le deuil amoureux, tandis que l'on se meurt de vivre sans l'autre, celui-ci est plus *vivant* que jamais dans notre esprit. Les souvenirs qui lui sont associés reviennent avec force ; le passé fait sans cesse irruption dans le présent. Un autre quotidien se superpose à celui qui se vit. Un quotidien parasité par ce qu'il serait si la personne aimée ne l'avait pas déserté. L'absence de l'autre est une présence permanente. Une présence nostalgique et douloureuse, chargée de regrets, parfois d'amertume, de colère et de haine. Une présence qui interroge sur l'absence.

Cette présence-absence prend les aspects d'une obsession, voire d'une persécution : « Je ne pense plus qu'à elle. Et quand je parle avec les autres, c'est toujours d'elle qu'il s'agit. » Tout est référence à l'être absent : les conversations, les réflexions, les échanges, les lectures. Un dialogue se poursuit avec un autre imaginaire : l'être aimé n'est plus celui qu'il était et il n'est pas davantage celui que l'on aimerait qu'il fût. On réinvente son passé, on rêve d'un avenir que l'on sait improbable et l'on a d'autant plus mal que la relation est sublimée. Tant que l'absence maintient l'autre dans une image de perfection, la souffrance reste présente.

Les moments pénibles ont disparu pour ne laisser place qu'à la douleur du manque. Chercher à oublier la magie et la douceur des instants partagés serait les perdre à jamais. Ce serait penser que rien n'a existé : des semaines, des mois, des années qui n'auraient été qu'une illusion. C'est être face au vide. Un passé vide de sens et un avenir qui n'en promet pas davantage. La sensation de manque continue à faire vivre ce qui n'est plus.

Si ce que l'on a vécu était condamné à mourir, ce que l'on vivra ne le sera-t-il pas également ? Le deuil est d'autant plus douloureux qu'on se refuse à le faire : accepter l'idée que l'autre n'existe plus pour soi, c'est accepter de ne plus exister pour lui. Tant que cet autre qui n'est plus dans notre vie continue cependant à en être le centre, nous n'avons plus de vie. Il faut réapprendre à exister sans l'autre mais, surtout, sans le manque de l'autre. Se réapproprier son passé et le faire nôtre. Accepter ce qui n'est plus pour continuer à exister : accepter ce qui a été et accepter que ce ne soit plus.

Dans l'accompagnement des instants ultimes de ceux que nous aimons, dans la douleur extrême qui succède à la mort d'un être cher, dans tous les accidents de la vie qui nous éloignent et nous séparent de ceux qui avaient une place essentielle dans notre cœur, il est nécessaire de réécrire l'histoire. L'histoire de celui qui, voyant venir la fin de sa vie, a besoin de partir en paix. Comme l'histoire de celui ou de celle qui est parti et demande, pour survivre à son absence, d'être en paix avec ce qu'il a été, en paix avec ce que nous avons nous-mêmes été.

Un temps de notre chemin, un amour, *a fortiori* une vie obligent, avant d'en être quittes, à nous libérer de ce qu'ils peuvent contenir de regrets. On revit l'histoire pour mieux la vivre. On revit tout depuis le début : la naissance d'une vie ou d'un amour, les rencontres, les espoirs, les attentes, les bonheurs comme les grandes douleurs. Tout recommence jusqu'au mot *fin*. Puis on retourne aux racines de l'histoire : on éprouve le besoin absolu de comprendre, on s'interroge jusqu'au moment où une phrase fait écho en nous, une bribe de réponse qui nous satisfait et nous apaise, enfin. On cherche sans cesse.

Peut-on comprendre une vie, sa vie, une histoire d'amour, la mort d'un être proche ? On ne peut savoir si nos réponses sont exactes ; il n'y a pas comme dans les rébus la bonne réponse en bas de la page. Mais il y a des réponses qui font du bien, qui calment et qui confortent dans l'idée d'un chemin à suivre. Notre nouveau regard sur la vie, notre vie, notre histoire d'amour, la mort de celui ou celle que l'on aime nous permet de continuer à vivre.

On intègre la mort dans notre vie pour pouvoir l'accepter dans un premier temps, pour mieux vivre ensuite. On accepte la mort pour accepter la vie. On reconnaît la nécessité d'une fin, parce sans fin il n'y aurait pas d'histoire. Et sans histoire il n'y aurait pas de vie.

3

La mort en face

Bien misérable est l'âme obsédée du futur, malheureuse avant le malheur.
SÉNÈQUE

Le refus de la mort

Meurs avant que tu ne meures ; que tu n'aies pas à mourir.
Angélieus SILÉSIUS

Ceux qui se refusent à voir la mort ne sont-ils pas ceux qui se refusent à voir la vie ? Leur vie n'est qu'une succession d'interdits. Ils se rassurent par d'infinies précautions qui, certes, les éloignent de la mort, mais ne les rapprochent pas de la vie. Au moins sont-ils en paix avec eux-mêmes : s'ils tombent malades, ou s'il *leur arrive quoi que ce soit*, ce ne sera pas de leur faute. Ce qui les motive est davantage l'espoir de ne pas mourir que celui de bien vivre. Mais faut-il, pour s'empêcher de mourir, s'empêcher de vivre ?

Sénèque a dit : « Personne ne se soucie de bien vivre, mais de vivre longtemps, alors que tous peuvent se donner le bonheur de bien vivre, aucun de vivre longtemps. » Une bonne hygiène de vie est nécessaire pour se sentir bien dans sa peau, de même qu'elle aide à mieux vivre. Elle n'est d'aucune façon une assurance tous risques contre les maux physiques et psychiques ; et elle l'est d'autant moins si elle entame peu ou prou le plaisir de vivre. Prévenir la maladie n'offre pas la garantie de rester toute la vie en bonne santé.

Dans un livre, *Les Illusions de la prévention*, mon père a écrit : « La prévention est l'avatar le plus moderne d'un vieux rêve : que nous ne mourions jamais que de vieillesse, ou plutôt d'usure. À la limite que nous ne mourions plus. » C'est une illusion que de vouloir maintenir les maladies, les souffrances et la mort en dehors de la vie.

Mon père a exercé la médecine pendant plus de quarante ans. Il dénonçait les nombreuses confusions qui règnent entre ce qui est bon et ne l'est pas pour la santé et, plus précisément, pour telle ou telle pathologie. De même, il remettait en cause une observance trop stricte des dernières découvertes de la science, laquelle souvent s'accorde à dire un jour ce qu'elle dément le lendemain. Ce qui conduit à s'imposer à soi-même des restrictions qui n'ont parfois pas lieu d'être. Se maintenir en vie, c'est justement vivre : alimenter cette force de vie qui est en nous.

La peur obsessionnelle de la maladie et de la mort peut aboutir à une non-envie de vivre. Cette non « en vie » est déjà la mort. À refuser d'accepter l'existence de la mort on ne gagne rien. Si ce n'est qu'elle empoisonne la vie à trop y penser. Comme l'a dit Nietzsche : « La perspective certaine de la mort pourrait mêler à la vie une goutte délicieuse et parfumée d'insouciance — mais, âmes bizarres d'apothicaires, vous avez fait de cette goutte un poison infect, qui rend répugnante la vie tout entière ! »

Certains sont habités par l'idée de la mort : ils ne voient plus qu'elle, ne parlent plus que d'elle. Le fait d'y penser sans cesse les laisse-t-il croire qu'ils pourront, ainsi, mieux l'amadouer ? Espèrent-ils ne pas être pris au dépourvu et s'en faire même une alliée ? Comme de mieux connaître son ennemi, savoir où il se situe et son mode de fonctionnement peut laisser croire qu'il sera plus facile de le combattre en cas d'attaque. Parler de la mort, c'est une façon de la mettre à distance.

Pour mieux exorciser leur peur, ils ne perdent pas une occasion de manifester leur effroi devant ses coups d'éclat. Fascinés par toutes les formes d'accidents, maladies, guerres, meurtres et faits divers, ils se plaisent à les lire, ensuite à les raconter. Les journaux spécialisés dans les drames sensationnels, photos à l'appui, et les reportages qui donnent à voir la mort en direct cesseraient d'exister s'ils n'avaient leur public assidu. Le spectacle de la mort participerait-il d'un rite conjuratoire ?

D'autres, au contraire, la fuient, sans savoir précisément qu'ils la fuient, dans des activités multiples qui les empêchent de se retrouver face à eux-mêmes, donc face à l'idée de la mort. Ils ne prennent pas le risque d'y penser ; ils ont une vie qui ne leur laisse pas le temps de penser. « Je n'ai pas une minute à moi », disent-ils. Dans une suite d'actes obligés, ou auxquels ils se sentent obligés, ils ne voient pas le temps passer. Ils ne voient pas leur vie passer.

Un des moyens d'oublier que nous sommes mortels est de vivre dans l'instant. Nous ne voyons pas au-delà de ce terme, fixé à l'avance, de ce qu'il nous faut accomplir : un travail à remettre, mais aussi un plaisir à saisir. Nous ne voulons pas voir plus loin que ce temps que nous voulons maîtriser. En nous imposant des limites, nous avons l'illusion d'échapper à celles qui nous sont imposées. Dans l'urgence, nous volons le temps à l'éternité.

L'homme oppose un défi constant à sa nature d'être mortel. Il supporte mal d'être confronté à tout ce qui restreint son champ d'action, *a fortiori* ce qui représente pour lui une perte de ses acquis : argent, santé, amour. La diminution de ses moyens financiers, physiques, comme de ses pouvoirs de séduction, ses capacités intellectuelles, de mémoire, sportives, artistiques sont déjà pour lui une forme de mort... Un chanteur disait : « Quand j'ai perdu ma voix, ce fut une première mort. »

Au contraire, dès qu'il est donné à l'homme de rassembler ses forces en vue d'un but à atteindre ou d'un objet à conquérir, il se sent, au moins à l'instant, maître de sa destinée. L'homme avance droit vers son destin. Tout ce qui lui permet de mettre des bornes sur son chemin le rassure et lui donne la force de vivre. Que la conquête soit amoureuse, professionnelle, sportive, qu'elle concerne une personne, un objet, un travail, un record, un territoire, elle est toujours un pas de gagné sur la mort.

Pourtant, ce sont pour les causes mêmes qui le font vivre qu'il peut mourir : une passion, une croyance, une idéologie. Mourir à lui-même dans le sens où il place ces valeurs et idéaux au-dessus de sa propre vie. Mourir, car il met réellement sa vie en péril pour ces mêmes valeurs et idéaux. Apparemment, il ne craint pas la mort, on pourrait même dire qu'il s'y précipite. Mais ne se précipite-t-on pas parfois vers ce que l'on craint le plus ? N'a-t-on pas envie de maîtriser ce qui nous échappe, de se l'approprier de telle sorte que ce ne soit plus une menace ? Gribouille se jette à l'eau par peur de la pluie.

La peur de la mort s'exprime bien souvent à travers un désir de toute-puissance. On pourrait dire : pouvoir, gloire, richesses. Ce qui laisse à penser que l'on a tous les pouvoirs, dont celui d'échapper à la mort. Ainsi que l'a dit Lucrèce : « L'amour des richesses, l'aveugle désir des hommes à [...] nuit et jour s'efforcer par un labeur sans égal d'émerger jusqu'au faîte de la fortune : toutes ces plaies de la vie, c'est pour une grande part la crainte de la mort qui les nourrit. »

Le défi de Don Juan

Les défis que l'homme se lance ne signent pas toujours un affrontement serein avec la mort. Bien au contraire. Si l'on prend pour exemple le personnage de Don Juan, on peut croire qu'il ne craint rien des foudres du Ciel. « Va, va, c'est une affaire entre le Ciel et moi », dit-il à Sganarelle. On admire ou l'on condamne, c'est selon, son comportement impie et sans scrupule. Son attitude face à la mort s'apparente à celle qu'il a face à l'amour : en même temps qu'un défi, un déni constant.

Il crie trop fort son scepticisme, se plaît trop à provoquer les autres par un rationalisme dénué de tout sentiment pour que n'apparaisse pas un doute profond. Un doute qui ne demande qu'à trouver une réponse. Quand il sait avoir perdu, il trouve enfin, à cet instant ultime, un sens à sa vie. Il commence à vivre au moment où il s'apprête à mourir.

Don Juan sait user de son intelligence des mots et de son pouvoir de séduction pour conquérir le cœur et les faveurs des dames, comme pour se sortir des situations les plus embarrassantes. Aucun, ni aucune, ne résiste à son charme. Quand il se retrouve à nouveau face à la statue du Commandeur qui, l'invitant à souper, lui dit « En aurez-vous le courage ? », Don Juan trouve enfin un partenaire à sa mesure.

Lui qui n'a cessé de mentir, et de se mentir à lui-même, est confronté à une vérité qui l'intrigue et le dépasse : « Spectre, fantôme ou diable, je veux voir ce que c'est. » Pris au piège de son incrédulité, il n'a d'autre échappatoire que celle de regarder en face cette instance supérieure (Dieu, le Père, la Mort, le Temps) et d'affronter, en refusant de se repentir, le châtiment mérité de ses crimes impunis. Il oppose une mort digne à une vie indigne.

Il errait, de conquête en conquête, avec une inconscience qui lui donnait l'illusion d'être invincible. « Ah ! n'allons point songer au mal qui nous peut arriver, et songeons seulement à ce qui peut nous donner du plaisir. » Ses victoires lui procurent un bonheur bien éphémère ; il lui faut trouver dans le *nouveau* le moyen d'éprouver encore quelque plaisir : « Nous nous endormons [...] si quelque objet nouveau ne vient éveiller nos désirs. » Que cherche-t-il ? N'éprouve-t-il pas finalement une grande jouissance à faire face au mystère de ce qu'il s'acharnait à nier ? Il reconnaît, ce qui le rend plus humain, qu'il n'est pas tout-puissant : il n'est pas immortel.

Ceux qui éprouvent le besoin de se croire tout-puissants masquent leur fragilité à travers la rigidité de leurs prétendues certitudes. On cache d'autant plus ses peurs que l'on est incapable d'y faire face : on affirme ne croire en rien ni en personne, ou l'on affiche ses croyances avec une obstination qui ne laisse aucune place à la moindre remise en question. Il s'agit, avant tout, de croire et de laisser croire que l'on ne craint rien.

Don Juan assène ses vérités devant un Sganarelle tantôt admiratif, tantôt scandalisé. Croit-il lui-même à ce qu'il dit ? Il se plaît à dépasser sans cesse ses propres limites, jusqu'à faire l'éloge de l'hypocrisie. Il veut se prouver qu'il ne craint rien : il peut tout dire, tout faire. Après avoir vu bouger la statue du commandeur : « Il y a bien quelque chose là-dedans que je ne comprends pas. Mais, quoi que ce puisse être, cela n'est pas capable ni de convaincre mon esprit, ni d'ébranler mon âme. »

Don Juan est avant tout un homme d'action : « Tous les discours n'avancent point les choses : il faut faire et non pas dire. » Mais est-ce être *dans l'acte* que de nier la conséquence de ses actes ? Libertin et sacrilège, il remet à plus tard d'être face à lui-même : « Encore vingt ou trente ans de cette vie, et puis nous songerons à nous. » Attend-il d'être face à son destin, face à la mort pour réfléchir enfin à ses actes ?

Il n'est pas toujours facile de distinguer l'action de la fuite. La peur conduit à fuir et, pour fuir, à agir : l'action dans la fuite est inconsciente des mobiles qui en sont à l'origine. Elle consiste à mettre un pied devant l'autre, non dans la volonté d'avancer, de comprendre, de progresser, mais dans l'évitement de tout ce qui peut conduire à une confrontation avec soi-même, avec ses actes, avec ses pensées, avec sa conscience. Ce qui signifie, le plus souvent, se retrouver face à une vérité que l'on ne veut pas voir : celle de la vieillesse et de la mort.

Le déni permanent de la mort empêche de vivre. Pour celui qui la craint, la mort finit par être d'autant plus présente qu'il fait des efforts pour ne pas y être confronté. Tout est bon à condition de détourner son regard de cette réalité effrayante : « Je suis mortel, donc faillible. » Il devrait craindre la mort par amour de la vie. Or, il craint tant la mort qu'il n'aime plus la vie. Il a peur de vivre.

Certains ont d'autant plus peur qu'ils sont convaincus de ne pas pouvoir dépasser une date butoir : un âge bien précis qui est en relation avec leur propre histoire. Un homme, dont le père et un grand-père étaient tous deux morts alors qu'ils n'avaient que cinquante ans, était convaincu qu'il mourrait, lui aussi, à cet âge. Un autre voyait l'âge de quarante ans comme étant le début de la vieillesse — ou la fin de la jeunesse. Et d'autres encore, hommes et femmes, ont eu à entendre des prédictions, ou des phrases qui leur ont été dites et qu'ils ont interprétées comme telles : ces mots restent à jamais inscrits dans leur esprit.

« Puisque je sais que je mourrai jeune, quelle valeur donner à mes actes ? » Rien ne peut calmer l'angoisse profonde de ceux qui croient à l'inéluctable d'une fin anticipée. Et pour certains, le fait même de penser qu'ils vont mourir, un jour, leur ôte tout désir d'agir : « À quoi bon ? » Ils ne trouvent de plaisir que dans l'instant. Un plaisir qui, même fugace, leur permet d'oublier leur condition d'être humain : d'être mortel.

Ils recherchent ce qui leur procure sans délai une satisfaction. Ils vivent dans l'urgence d'une jouissance qui accapare les sens et usent pour cela des moyens qui sont à leur disposition : les drogues, l'alcool, le jeu, la séduction. Ils s'étourdissent, se dispersent dans des directions diverses et multiples. Ils éprouvent le besoin de changer sans cesse d'objet de désir. Ce dernier une fois obtenu et leur quête ainsi satisfaite, ils se retrouvent à nouveau face au vide. Face à la mort.

Le comportement de Don Juan se retrouve, certes, chez les séducteurs, mais aussi chez ceux qui ne croient en rien ni en personne. Ce n'est pas toujours ce qu'ils donnent à voir. Ces personnages sont trompeurs ; ils se trompent eux-mêmes. Ils peuvent même laisser croire qu'ils aiment la vie, avec passion, et donner l'illusion d'être curieux, ouverts, aimants. Mais ils n'aiment pas.

Leur souffrance vient de là : non de n'avoir pas été aimés, mais de ne pas avoir aimé suffisamment pour éprouver le bonheur d'aimer. Ils ont été aimés, très aimés, et parfois trop : étouffés par un excès d'admiration et de sollicitude. Ne voulant pas, cependant, renoncer à être l'objet de cette adoration, ils font ce qu'il faut pour continuer à plaire. Mais, en retour, ils n'aiment pas. Ils ont le cœur vacant et cherchent désespérément comment le remplir. Leur existence est construite sur du vide. Leur vie n'est qu'agitation vaine pour donner aux autres, et à eux-mêmes, l'illusion d'une vie pleine.

La mort dans l'âme

Ceux qui n'aiment pas vivent *la mort dans l'âme*. Le sentiment d'aimer porte, exalte, transcende. Pour qui se sent incapable d'aimer, la vie n'est qu'un semblant de vie : il fait semblant d'aimer et de jouir de la vie. Tout en a l'apparence : les mots de l'amour ne sont-ils pas semblables pour celui qui aime et celui qui n'aime pas ? Beaucoup se laissent convaincre par leurs propres discours. Il leur est bon d'y croire, comme il leur est bon de le faire croire aux autres.

Par sa force, sa violence, le désir provoque un bouleversement qui réveille la sensation d'être en vie. Il a l'effet d'une drogue qui fait oublier tout mal de vivre. C'est la différence entre l'amour qui nous aide à mieux nous connaître et l'état amoureux qui nous permet de mieux nous oublier. Certains croient aimer ; et ils sont sincères. Ils croient, plus précisément, rencontrer l'amour.

Ils espèrent trouver celui ou celle qu'ils ne cessent de chercher. Celui ou celle qui leur donnera, en même temps que son amour, le désir de vivre. Ils sont prêts à tout pour séduire quiconque leur redonne goût à la vie. Et ce d'autant plus aisément qu'ils sont eux-mêmes séduits. Séduits dans l'instant. Séduits par l'espoir de trouver chez l'autre cette joie de vivre qu'ils n'ont pas, ce bonheur d'aimer qui leur fait défaut. Ils sont prêts à tout, car leur vie est en jeu.

Sitôt qu'ils ont éveillé chez l'autre de l'intérêt, voire des élans passionnés, ils le rejettent. Ou ce sont eux qui sont rejetés tant ils ne donnent rien. Leurs sentiments ne résistent ni au temps ni à l'approfondissement. Le plaisir qu'ils en attendent et font espérer à l'autre est un leurre. Tant que l'autre leur résiste, leurs illusions persistent. Mais dès que l'autre est là, « ce n'est jamais ça ». Comme dans le passé, ce n'était jamais ça.

Ils confondent l'amour et le plaisir de la conquête. Dès qu'ils se sentent indispensables à la vie d'un autre, ils s'en vont. C'est à l'autre de donner du sens à leur vie. Il leur importe d'être aimés, mais cela ne suffit pas à les guérir de leur mal d'aimer. Ce qu'ils désirent n'est pas qu'on les aime, mais d'aimer comme on les aime.

Si le sentiment d'être aimé est essentiel pour se structurer, l'amour que nous ressentons pour l'autre l'est au moins autant. En premier lieu, l'amour que nous ressentons pour nos parents. L'amour de ceux qui nous ont *donné la vie* nous fait aimer la vie. À notre tour, nous éprouvons le désir de donner vie à un enfant, un amour, un projet. Cet amour est porteur de vie : il protège du désir de mort.

Certains disent : « Je n'ai pas demandé à naître. » Ils ne reprochent pas tant à leurs parents de les avoir mis au monde, que le monde qu'ils leur ont donné à vivre. Le monde de leur enfance : un monde qu'ils rejettent avec violence. De même qu'ils ne cessent de rejeter leurs parents, ils ne cessent de rejeter ce que la vie peut leur apporter. Ils sont en révolte contre la terre entière.

Plus nous sommes admiratifs et respectueux envers nos parents, plus nous sommes prêts à l'être envers ceux que nous rencontrons. Grâce au sentiment que l'autre éveille en nous, nous avons envie de faire des efforts pour lui plaire, de toujours nous surpasser. Nous avons tout simplement envie de vivre.

Cet amour nous fait aimer la vie. Sans l'autre, sans ce sentiment d'altérité, rien n'est possible. Dans les cérémonies de remise de prix, le premier mot qui vient à l'esprit des lauréats est : « Merci ». Sans l'aide de ceux qui ont cru en eux, ils savent qu'ils n'auraient rien pu faire. La vie se transmet. L'amour de la vie aussi.

D'où vient la difficulté à aimer ? À l'inverse, où puise-t-on la force, la profondeur, l'authenticité de nos sentiments ? Dans une capacité à aimer qui, si elle prend racine dans le monde de l'enfance, ne peut ensuite se développer qu'avec une certaine maturité. On dit de ceux qui ne savent pas aimer qu'ils ont un comportement infantile, immature. En effet, ils n'ont pas grandi. Ils sont restés au stade de l'enfant qui réclame son *dû* et revendique ses droits sans tenir compte de ses propres devoirs. Un enfant qui attend qu'*on* l'aime.

Adultes, combien continuent à se plaindre de n'être pas aimés comme ils le voudraient ? Prennent-ils eux-mêmes le temps d'être à l'écoute de ceux dont ils espèrent ces justes manifestations d'amour ? Se donnent-ils les moyens de recevoir cet amour tellement attendu ? Peut-être n'y croient-ils pas ou n'y croient-ils plus. Il leur arrive d'être aimés au-delà de leurs espérances ; ils continuent, cependant, à rejeter ceux qui les aiment. Leur manque d'amour importe plus que l'amour qu'ils peuvent recevoir.

Ils disent avoir perdu toute confiance dans l'amour qui pourrait leur être donné. Ils n'ont jamais trouvé d'écho à leurs propres sentiments ; ils ont la conviction, comme dans le passé, qu'ils seront à nouveau trahis. « Les autres n'ont jamais été là quand j'avais besoin d'eux », disent-ils. N'ont-ils pas su se faire entendre ? Les autres n'ont-ils pas pu comprendre ? Certains considèrent qu'il suffit de dire à l'autre ce que l'on attend de lui pour qu'il soit en *devoir* de répondre. Comme ils se sentent en *droit* de lui en vouloir s'il ne répond pas. Tous les droits sont pour eux ; les devoirs pour les autres.

Est-il raisonnable, sous prétexte que l'on pense avoir été mal aimé, de ne plus aimer ? Ne peut-on, comme on apprend à aimer, apprendre à être aimé ? Et, une fois que l'on se sent aimé, s'ouvrir, enfin, à l'amour ? Il faut, pour beaucoup, dépasser les idées trop précises sur ce que l'amour doit être et ne doit pas être. Chacun aime à sa façon ; chacun aime comme il peut. Il faut apprendre à aimer l'amour tel qu'il nous est donné.

Nombre de parents, tout en étant très aimants, sont rejetés par leur enfant. Leur amour peut être si inconditionnel qu'il finit par perdre de sa valeur. « Il me dit que je suis formidable ; bien sûr, il m'aime. » Celui qui ne s'aime pas ne peut estimer ceux qui l'estiment ; seuls ceux qui ne l'aiment pas ont une valeur à ses yeux. Il n'a pas aimé ses parents suffisamment pour accorder du crédit à l'amour qu'ils lui ont donné.

Celui qui n'a pas accepté ses parents tels qu'ils étaient ne peut s'accepter tel qu'il est, même s'il a été aimé. Il a rêvé d'autres parents, de *vrais* parents : des parents dont il pourrait être fier. Il a imaginé découvrir un jour qu'il était né de l'union d'un prince et d'une princesse. Tourmenté par la recherche d'une identité qu'il lui faut trouver en dehors du cercle familial, il se sent coupé de ses racines. Il ne sait d'où il vient et il en souffre.

Nos origines, notre histoire, notre nom

De même que nous avons besoin d'être reconnus par ceux qui nous ont mis au monde, nous avons besoin de reconnaître nos origines : de nous reconnaître dans le nom que nous portons. Si j'écris ce livre, c'est en mon nom. Je parle, à la première personne, de mon histoire, de mes expériences, de mes sensations. En évoquant la mort de mes parents et leur vie, c'est de mon regard qu'il s'agit : sur leur vie, sur ma vie. Sur la vie.

J'écris au nom de cet amour qu'ils m'ont donné et que j'ai envie de donner à mon tour. Au nom de cette vie qu'ils m'ont transmise et que j'ai envie de transmettre. Sans ce nom que je porte et dans lequel je me reconnais, je ne pourrais pas écrire. Ce nom est celui de mon père et de ma mère ; il est *devenu* le mien. Il a fallu me reconnaître dans ce qu'ils étaient et savoir qu'ils me reconnaissaient telle que j'étais pour le faire mien.

C'est *mon* nom. Un nom qui me permet de dire « je », de penser et de réfléchir ; et de pouvoir dire, ensuite, mes pensées et mes réflexions. C'est le nom que je porte. Il faut du temps pour que l'association de notre nom de famille et de notre prénom ait un sens, une réalité, une existence. Que d'histoire et d'histoires dans ce nom que nous portons !

Que d'enfants qui n'ont pas connu leurs pères, ou dont les mères ont « accouché sous x » ! Avant qu'ils n'arrivent au monde, ils portent le sceau de l'*anonymat*. Ils héritent d'un père ou d'une mère *inconnus*, d'une part absente, d'un arbre généalogique tronqué, d'une identité partielle. Ils ont tout un travail à faire pour se reconstituer ou plutôt se constituer un nom, une identité, une existence *à part entière*.

D'autres ont plusieurs pères, plusieurs noms. Un père biologique, un père adoptif, un beau-père et même plusieurs, un parrain, un oncle, un ami de la famille. En termes d'identification et d'affection réciproque, ils ont *l'embarras du choix*, dans son sens positif et négatif. En termes de filiation, ils sont perdus. Si on ne sait pas d'où on vient, on ne sait pas où on va.

Certains sont déracinés. Ils ont dû quitter les lieux de leur enfance. Ils n'ont pas plusieurs pères, mais plusieurs patries. Plus précisément, ils vivent dans un pays et leur nom provient d'un autre. Un nom chargé d'une autre culture, d'une autre histoire, parfois d'une communauté minoritaire, niée et humiliée, d'un peuple en guerre, d'un pays en souffrance, d'une population détruite, anéantie. Ils ont à défendre ces lieux qu'ils n'habitent plus, mais qui les habitent. On a d'autant plus besoin de retrouver ses racines qu'on en a été éloigné.

Pour d'autres, l'enracinement est présent, trop présent. Ils portent leur nom comme un devoir qu'il leur faut accomplir, une obligation qu'ils se doivent de remplir pour rendre compte de ce qu'ils ont reçu. Ils ont un nom dont la réputation leur procure autant de fierté qu'elle est entrave à leur liberté. Un nom associé à une terre, un titre, une propriété ou encore à un commerce, une marque, une réussite dans un domaine particulier leur apporte la force d'un enracinement, en même temps que son poids. Il est des héritages qui sont lourds à porter.

Lourds dans ce qu'ils exigent de comportements qui ne sont pas en accord avec ce que l'on a envie de vivre. Certains ne peuvent vivre qu'en s'en éloignant. Ils ont besoin pour survivre de se libérer du poids de leur lignée. D'autres trouvent un sens à leur vie en poursuivant ce que leurs ancêtres avaient commencé. Ils prennent à leur compte leurs actes et leurs réussites. Ils s'y donnent corps et âme, y consacrent leur vie. L'essentiel est d'être en accord avec son choix.

Ceux qui revendiquent un héritage sans en accepter les contraintes, ou ceux qui, au contraire, se sentent contraints de poursuivre dans la même voie que leurs ascendants, sans en éprouver le moindre plaisir ni la moindre satisfaction, ceux-là vivent en porte-à-faux avec eux-mêmes, avec leur vie. Ils ne sont pas vraiment là, sans être ailleurs ; ils sont là, mais voudraient être ailleurs. À ne rien vouloir perdre, ils ne gagnent rien.

Il faut avoir le courage de partir et de construire sa vie. Il est des héritages qu'il est préférable de refuser. Certaines familles accumulent depuis des générations des drames, des rivalités, des haines ancestrales. Frères et sœurs se sont déchirés autour d'un héritage, des clans se sont formés, des préférences affichées ont entraîné des humiliations, lesquelles ont donné lieu à des vengeances. Ce sont des familles où, comme l'on dit, il y a *des cadavres dans le placard.* Le tribut d'une reconnaissance, d'une filiation, est parfois tel qu'il donne envie de couper tous les liens avec ses origines.

Il est des cas où l'on n'hérite que souffrances et pauvreté. Pauvreté d'un mode de vie, mais surtout pauvreté des échanges, de la communication. Il ne se dit rien ; il ne se passe rien. On ne laisse rien passer. Derrière ce silence, chacun défend son territoire avec âpreté et avidité. Pas d'amour, pas de quoi nourrir ni son âme, ni son cœur, ni son esprit. C'est une éducation où l'on apprend à ne vivre que pour soi.

De tous les héritages, on peut faire sa force ou sa fragilité ; sa force *et* sa fragilité. Il n'est pas de familles sans histoires compliquées, difficiles, douloureuses. De toutes ces histoires passées, dramatiques et heureuses, on doit faire notre histoire. Porter son nom, c'est accepter tout ce que ce nom comporte, de bon et de mauvais, de présences et d'absences, de richesses et de manques. Porter son nom, c'est s'inscrire dans une continuité. Celle de son passé.

Tout ce qui a été mal vécu par ceux qui nous ont précédés, nous pouvons le vivre mieux : le vivre mieux pour eux et pour nous. Certains ont une revanche à prendre sur une enfance difficile, sur des humiliations que leurs parents ont subies, sur des rivalités dont leur famille a souffert. Ils trouvent leur détermination à revendiquer un statut que leurs parents n'ont jamais eu, à se venger d'une injustice dont ces derniers ont été l'objet. Les motivations qui nous donnent la force de nous battre sont multiples.

Ses racines, son nom, on les porte dans son cœur, dans sa mémoire. Les événements, les lieux n'ont pas l'importance qu'on leur donne. Ils sont anecdotiques en comparaison avec l'essentiel de ce qui se transmet de génération en génération : des émotions, des sentiments, des douleurs, des bonheurs, une rage de vivre, de survivre, de se battre. De la vie. De la vie qu'on va faire nôtre, pour en faire notre vie.

À la mort de ceux que l'on aime, plus particulièrement de ses parents, on se sent déraciné, seul à porter toute l'histoire. On découvre, par la suite, que ce sont eux qui nous portent. Dans la religion juive, on dit qu'on est porté par nos parents, debout sur leurs épaules. Riches de leurs expériences et de leur savoir, on est capable de voir plus loin qu'eux. C'est à notre tour de poursuivre ce qu'ils avaient commencé.

Mes parents *sont là* ; leur présence me soutient, m'accompagne dans ma démarche. J'écris ce livre grâce à eux, pour eux, avec eux. Ils sont à mes côtés, attentifs, tendres. Ils me donnent la force de continuer. Ce que j'accomplis est dans la continuité de ce qui a été, pour l'un et l'autre, essentiel.

Comme mon père, je suis médecin. Comme lui, je me suis orientée vers la psychanalyse. Il m'avait écrit en dédicace de son premier livre *La Consultation* : « À Catherine, qui ira, j'espère, plus loin dans ce sens et fera mieux que son père. » J'ai beaucoup appris de lui. Ma mère m'a initiée à un autre monde : celui de la musique, de la danse, du théâtre. Tout ce qu'elle découvrait, elle me le faisait partager. Ensemble, nous nous sommes interrogées sur les mécanismes du corps humain avec une approche différente de celle de la science. Ils étaient complémentaires. Ils le sont encore : ils continuent à vivre en moi.

Ceux qui renient leurs origines sont condamnés à l'errance. Les nomades n'ont pas une terre fixe à laquelle ils peuvent s'identifier, mais ils ont nombre de rites qui les rattachent à une tradition. Chaque tribu a son histoire, ses valeurs, ses croyances, ses coutumes ; qui en fait partie les emporte avec lui, où qu'il soit. Nous pouvons n'être d'aucun lieu, libres de vivre et de penser sans avoir à nous conformer à d'autres modes de vie ou de pensée, mais nous avons besoin pour vivre d'être reliés à d'autres, ne serait-ce que par l'esprit. Nous ne pouvons avancer seuls dans l'obscurité.

Il nous faut partir d'un endroit pour aller à un autre : poursuivre une histoire qui nous appartient, même sans s'y reconnaître totalement. De là, nous pouvons nous diriger où bon nous semble. De nulle part, nous ne pouvons aller que nulle part. Ceux qui sont dans l'errance n'ont pas commencé à vivre. Ils sont d'autant plus inquiets pour leur avenir qu'ils ont la sensation de ne pas avoir de passé ; ils font un pas devant l'autre, sans foi ni raison. Rien ni personne n'est là pour leur servir de guide.

Ceux qui n'ont pas vécu ne peuvent accepter de mourir. Le néant de leur vie s'apparente au néant de la mort. Comment accepter de perdre ce qu'ils n'ont jamais eu ? Comment concevoir de partir quand on n'a pas eu le temps de comprendre ce qu'est être en vie ? On fuit d'autant plus la mort que l'on n'a cessé de se fuir toute la vie.

Ils fuient une image d'eux-mêmes qui renvoie à la mort, une image de leur vie qui leur donne envie de mourir. Image de ce qu'ils sont et n'ont jamais voulu être, image des parents auxquels ils ne veulent surtout pas ressembler. Image de la mort déjà présente dans la vie quand elle se présente sous la forme d'un ennui qu'il faut fuir à tout prix. Image, surtout, d'un manque à vivre dont ils n'ont jamais su s'il pourrait un jour être comblé.

4

La mort dans la vie

Y a-t-il une vie avant la mort ?
Woody ALLEN

Mourir d'ennui, mourir de honte

La mort n'est pas seulement la mort réelle, celle qui nous atteint de plein fouet quand elle frappe ceux que nous aimons ou qui marque la fin de notre existence. Elle est là, tapie en nous. Ennemie sournoise, elle est toujours prête à envahir notre quotidien. Elle peut, à chaque instant, obscurcir notre regard sur ce qui est à vivre. La mort est là, dans la vie.

Les fantômes ont pris la place des êtres *vivants*. Les douleurs du passé, toujours présentes, nous font prendre une distance face à ceux et celles qui pourraient à nouveau nous blesser. Avant même que l'autre n'ait agi, on se défend d'être trahi, déçu, abandonné. Certains voient dans tout plaisir un possible déplaisir.

« C'est difficile, c'est l'horreur, c'est épouvantable », disent-ils face à des situations qui ne justifient pas de tels qualificatifs. Certainement ont-ils vécu des événements difficiles, horribles, épouvantables dans leur enfance. En les revivant sans cesse, même là où ils ne sont pas, ne se mettent-ils pas en situation de les vivre ? C'est la difficulté à vivre qui rend la vie difficile.

De vieux démons surgissent quand nous ne nous y attendons pas. Ils retiennent nos élans, interdisent l'expression de notre désir, de notre amour, de notre créativité et peuvent nuire à notre santé. Démasquons-les afin de n'avoir plus à les craindre. Nous avons besoin de savoir quand et comment, dans notre enfance, est apparue cette neurasthénie qui nous empêchait d'*agir*. Qui croit n'être rien ne vit rien.

Certains souvenirs d'enfance réveillent le sentiment d'un *ennui mortel* ou d'une *tristesse à en mourir*. Une femme se souvient, petite fille, être restée des heures devant la fenêtre à contempler le spectacle de la rue. Les allers et venues incessants, les changements de devantures des magasins, le trafic ininterrompu des automobilistes la détournaient de son monde familial. Des lieux engendrent une pénible sensation d'enfermement.

Elle étouffait. L'appartement, pourtant, était vaste et lumineux. Elle était entourée de ses frères et sœurs. Qu'importe, elle se sentait isolée du monde. On peut se sentir coupé de la vie, sans que rien, en apparence, ne le justifie. La douleur est là. Douleur qui se manifeste par des symptômes : asthme, crises d'angoisse, claustrophobie ou agoraphobie. Comment dire autrement un manque d'air, d'espace et de liberté ?

Certains vivent dans leur palais, dans des *lieux de rêve,* comme dans une prison. À l'image de la petite princesse de Katmandou. Cette déesse vivante a été choisie pour représenter la vestale par qui tout est purifié. Elle doit rester pure : elle ne peut ni marcher, ni jouer, ni toucher aucun objet, de crainte de se blesser et de perdre ainsi sa virginité. C'est une princesse dans un palais qui fait rêver. De la fenêtre où on la contemple, elle assiste au spectacle de la vie : des enfants qui courent, qui bougent, qui s'amusent. Mais, elle-même, ne rêve-t-elle pas d'une autre vie ? On peut faire rêver tout en rêvant d'une autre vie.

« Ce qu'il y a de bien avec le bonheur des autres, c'est qu'on y croit », dit Marcel Proust. Ceux qui sont insatisfaits de leur vie trouvent celle des autres tellement plus exaltante. Ils regardent les autres familles. Ils regrettent de ne pas en faire partie. Ils ont la conviction que la vie des autres est bien meilleure que la leur. Les autres *ont une vie*, pensent-ils ; eux n'en ont pas. Ils ressentent le besoin d'être *ailleurs*. Là où est la *vraie* vie.

La petite fille qui regardait par la fenêtre était fascinée par le monde extérieur : le monde de ceux qui vivaient. Elle aurait tant aimé s'amuser. Aller avec ses parents au cinéma, au restaurant, dans les magasins, voyager, ainsi que le faisaient ses petites camarades. Son père et sa mère sortaient beaucoup, mais sans elle. Elle se sentait exclue de leur vie. De la vie.

Quand on croit les autres détenteurs d'une vie que l'on n'a pas, on attend d'eux qu'ils nous la communiquent et on ne fait rien. Certains pensent que la vie, ce n'est pas pour eux. Comme si, une fois pour toutes, elle était donnée à certains et refusée à d'autres. La vie, ça se crée. Quand on ne croit pas à la vie pour soi, en soi, la vie ne peut rien nous donner.

Beaucoup attendent avec impatience les jours de vacances et voient ensuite le temps s'écouler sans que rien ne se passe. Qui ne s'est reproché d'avoir peu ou mal occupé des heures pleines de promesses ? Le « syndrome du dimanche soir » n'est pas seulement dû à la tristesse de retrouver les horaires rigides et les obligations de la semaine. Il est consécutif à la pénible sensation de n'avoir rien fait de ses heures de liberté. Rien, car on ne sait que faire. Si ce n'est faire le deuil de quelque chose que l'on ignore.

L'ennui se ressent tout particulièrement dans les rituels de vie partagée, où le partage existe si peu. Dans ces dimanches, vacances et jours fériés qui s'étirent, mornes et interminables. Dans ces repas aux silences chargés de non-dit : dire ce serait ne pas être entendu, ne pas être compris, ou entrer en conflit. Parler serait rompre avec une apparente harmonie. Chacun reste dans sa solitude. On prend l'habitude de tout garder pour soi.

Le repas sitôt commencé, les enfants ne pensent qu'à sortir de table : ils ont envie d'aller jouer *dehors*. Tout leur est contrainte : même les vacances, promenades, spectacles, expositions censés donner du plaisir, leur donnent envie de fuir. Fuir là où l'on n'a pas à subir le désir de l'autre : là où l'on n'est pas contraint à mourir d'ennui.

D'où vient l'ennui ? De notre incapacité à agir selon notre bon plaisir ou de l'incapacité du monde extérieur à nous apporter ce qui peut nous réjouir ? Ennuyer vient du latin *inodiare*, de *odium* : la haine. Je m'ennuie : j'ai moi-même en haine. Une chose est certaine : quand je m'ennuie, je hais ma vie. Je la hais parce qu'elle ne me procure aucun plaisir. Ou bien, est-ce parce que je la hais, qu'elle ne me procure aucun plaisir ? Il faut être en paix avec soi pour s'ouvrir aux plaisirs de la vie.

Des souvenirs d'ennui sont associés à des sentiments de haine. La haine pour une enfance triste dans de tristes campagnes. On n'y ressent que grisaille, solitude et monotonie. Ce n'est pas la nature chantante et verdoyante telle qu'elle peut être vécue par les citadins.

Pour qui la subit, le déplaisir est à la mesure de ce qui lui est imposé.

« Là où je vivais, c'était la mort. » Ceux qui ont passé leur enfance dans ce qu'ils considèrent être des *coins perdus*, ceux qui, nés en province, rêvaient de la capitale, ceux qui en périphérie d'une ville auraient aimé y être au centre, tous ont cultivé un rejet vivace de ces lieux de vie. De vie, si l'on peut dire, car pour eux, *ce n'était pas une vie*.

Ils sont nombreux à penser ne pas être là où ils devraient être. Quel que soit leur lieu de naissance, un espace de rêve demeure inaccessible. Ils ont la sensation, de façon épisodique ou permanente, que la vie se joue sur une autre scène que la leur. Comme s'ils étaient condamnés à rester en périphérie de ce qu'ils pensent être le centre du monde : là où la vie se vit. Ils aimeraient avoir une autre vie que la leur.

L'ennui peut être rapporté au lieu de vie. Mais c'est le mode de vie qui est en cause, une manière de vivre à laquelle l'enfant ne peut se résigner. Il rejette ce que ses parents lui ont donné à vivre. Il a honte d'eux. Il porte la honte en lui.

« J'ai toujours eu honte de mes parents », disait un homme qui n'avait jamais accepté ses parents tels qu'ils étaient. Il consacrait tous ses efforts à sortir d'une condition qu'il jugeait indigne de lui ; et indigne d'eux. Ce sentiment de honte, à peine osait-il se l'avouer à lui-même. Ceux qui éprouvent de tels sentiments réprouvent une telle pensée. Ils s'en veulent, autant qu'ils en veulent à ceux qui l'ont suscitée. Ils ont honte d'avoir honte.

« Mes parents se disputaient sans arrêt. À la maison, c'était tout le temps des cris. » Un jeune homme avait souffert d'être le spectateur impuissant des conflits qui déchiraient ses parents. Il en voulait à son père d'insulter sa mère ; à sa mère de se laisser ainsi maltraiter par son père. Cette mésentente le rendait malade ; il ne pouvait fuir ailleurs que dans la maladie. Les enfants rejettent cette vie de souffrance. Ils souffrent pour leurs parents.

« Mes parents ont une vie sans intérêt. Et ils sont toujours en dehors du coup. » Une femme reprochait à ses parents leur comportement gauche et maladroit. Elle ne les trouvait en aucune façon admirables. Et quand elle parlait d'elle, elle usait des mêmes termes : « Je me sens bête, maladroite, inintéressante. » Ceux qui ne sont pas fiers de leurs parents éprouvent de grandes difficultés à être fiers d'eux-mêmes.

« Je m'en veux de ce qu'elle n'est pas », disait un fils de sa mère. Tout enfant vit mal ce que ses parents ont mal vécu. L'image qu'il a de lui-même est conditionnée par l'image qu'il se fait de leurs vies. Il pense bien souvent que ses parents auraient pu, ou dû faire autrement. Ce qu'ils leur reprochent n'est pas tant leur condition sociale, ou leurs échecs, que l'acceptation trop docile d'une réalité difficile. Un enfant n'accepte pas de voir son père ou sa mère subir sa vie.

Pourquoi ont-ils courbé le dos devant l'existence ? Comment ont-ils pu accepter une vie indigne d'eux ? Ils auraient dû lutter et exiger davantage de la vie, de leur vie. Peut-on être encouragé à mieux faire quand les parents ne font pas preuve de courage ? Le regard d'un enfant est sévère, intransigeant. Comme l'est le regard qu'il porte sur lui-même. Le regard que l'on porte sur soi est indissociable de celui que l'on porte sur ses parents.

La violence de ce jugement tient à la violence avec laquelle on subit le comportement de l'un des parents. Nous lui en voulons d'être ce qu'il est : nous ne pouvons lui pardonner ce qu'il n'est pas. Par ses faits et gestes, c'est à nous qu'il porte atteinte. Il est faible et nous sommes faibles. C'est un incapable et nous sommes des incapables. Il n'a jamais rien réussi et nous ne pouvons rien réussir. On ne se donne pas le droit de vivre bien ce qu'ils ont mal vécu.

« Tout est de leur faute. » L'enfant fait rejaillir sur ses parents la responsabilité de son comportement. Il leur reproche d'être malheureux ; et ainsi de le rendre malheureux. Mais est-on en droit d'accuser quiconque de ne pas être heureux ? L'enfant se sent coupable de ses propres reproches. Et cette culpabilité est une entrave à son bonheur. Elle s'ajoute à la difficulté d'être heureux quand ses parents ne le sont pas. Le malheur de l'enfant vient de son incapacité à accepter le malheur de ses parents.

« Je n'avais rien à voir avec cette famille », disent certains. Mais jusqu'à quel point cette famille est-elle responsable de cet état de fait ? Est-ce toujours de sa faute et uniquement de la sienne ? Et cela doit-il se traduire en termes de faute, qu'il s'agisse de celle des parents ou de celle de l'enfant ? Car cette faute que l'enfant impute aux parents rejaillit sur lui. Il la porte en lui.

Plus il en veut à ses parents d'être ce qu'ils sont, plus il s'en veut lui-même d'être ce qu'il est. Plus il veut s'éloigner de ce qu'ils lui ont transmis, plus c'est de lui-même qu'il s'éloigne. Il n'est pas facile de s'extraire d'une vie qui est la nôtre, ou tout au moins qui l'a été. Comment vivre en toute sérénité l'abandon de ceux que l'on aime ? Cela sous prétexte que l'on n'aime pas ce qu'ils sont ?

L'ennui et la morosité rattrapent vite ceux qui voudraient les fuir. Ces sensations ne sont pas liées à un lieu ou à des conditions de vie. Elles font partie d'une histoire. On ne peut s'en détacher comme d'un vêtement usagé ; elles *collent à la peau*. Les souvenirs persécutent. Le rejet de notre vie, avant de nous renvoyer à l'autre, aux autres, aux conditions extérieures à notre vie, nous renvoie à nous-mêmes. Au refus de ce que l'on est.

Dans l'incapacité de se fuir, il faut fuir. Mettre une distance entre soi et son passé ; entre soi et soi. Se découvrir, autre que celui ou celle que nous ne voulons plus être : libre des contraintes qui nous ont empêchés de vivre comme nous le souhaitions. On veut une vie autre que celle qui nous a été donnée en exemple. Une vie qui nous ressemble.

Fuir la mélancolie

> *Fuir, là-bas fuir !*
> *Je partirai ! Steamer balançant ta mâture,*
> *Lève l'ancre pour une exotique nature !*
>
> Mallarmé, « Brise marine »

Fuir là où rien ne sera plus comme par le passé. Fuir les chagrins de l'enfance, le monde de la souffrance. Fuir dans l'espoir de se réconcilier avec sa vie. Fuir pour une *exotique nature* : courir vers un bonheur dont on ne sait où il se situe ni où il faut aller le chercher. L'essentiel est de s'aventurer vers des lieux inconnus. L'*inconnu* ouvre à toutes les espérances : il laisse entrevoir un plaisir de vivre que l'on n'a jamais connu.

« Je ne sais pas ce que je veux, mais je ne veux plus de cette vie-là. » Certains partent loin, toujours plus loin. Ils craignent de s'attarder longtemps dans le même lieu ou dans la même relation. Ils risqueraient d'être rattrapés par ce qu'ils ne cessent justement de fuir : l'ennui et la monotonie. Tout plutôt que de se retrouver face à sa mélancolie.

« J'ai toujours eu la sensation que je n'avais pas une vie comme les autres. » De nombreuses personnes sont convaincues d'avoir eu une enfance qui ne ressemblait pas à une enfance *normale*. Ils ont vécu la mort de leur mère ou de leur père : un deuil prématuré qui les a profondément affectés. Mais il est aussi des enfants qui n'ont pas vécu de drames et dont les parents étaient présents. Ils ont cependant la sensation de ne pas avoir eu des parents comme les autres, comme en ont les autres enfants. Comme s'ils *n'avaient pas eu* de père ou de mère. Ils ne connaissent de l'enfance que le manque.

« Ma mère n'a jamais été une mère. Elle ne m'écoutait pas, n'entendait rien à mes besoins. » Quel enfant n'a pas une demande absolue envers sa mère ? Il doit être tout pour elle ; elle, tout pour lui. Il attend d'elle qu'elle réponde à ses besoins, sans délai. Tout geste inadapté, tout signe de nervosité ou d'indisponibilité lui fait croire qu'il n'est pas aimé. Il faut exister aux yeux de l'autre pour se sentir aimé.

Dès que l'enfant se sent rejeté, il rejette le monde qui l'entoure. Il cherche qui peut le comprendre : un autre capable de découvrir là où est son plaisir et de le satisfaire. Il lui faut du temps pour comprendre que l'autre peut être différent de lui : un autre qui n'a pas les mêmes désirs et ne peut comprendre les siens. Reconnaître que l'autre soit autre lui permet de se construire *avec* l'autre.

Mais, pour accepter l'autre dans sa différence, il lui faut avoir été lui-même reconnu dans sa différence, dans la singularité de ses émotions, de ses sensations, de ses besoins. « Tu n'as pas faim ; finis ton assiette. » « Tu n'a pas sommeil ; dors. » Que l'enfant ait faim ou non, sommeil ou pas sommeil, qu'importe. Ce n'est pas à lui de décider ; il ne faudrait pas qu'il prenne de *mauvaises habitudes*. Si l'enfant pleure, il faut le laisser pleurer : il *fait un caprice*. Combien de parents ont cru bon d'agir ainsi ? Que d'enfants, dont les besoins et les désirs ont été si peu respectés, n'ont pu apprendre à respecter ceux des autres ?

« C'est comme ça, ce n'est pas autrement. » Une éducation nécessite des règles strictes. Mais jusqu'à quel point la mère peut s'autoriser à penser *pour* l'enfant ? Certaines mères ne *comprennent pas* qu'il puisse penser autrement qu'elles. « Je ne comprends pas que tu aies froid, il ne fait pas froid. » « Tu n'as aucune raison d'être triste, tout va bien. » Ce qu'elles aiment, l'enfant doit l'aimer ; ce qu'elles désirent pour lui, l'enfant doit le désirer. Être à l'écoute, ce n'est pas penser *à la place* de l'autre.

La mère qui précède tout désir présumé de l'enfant ou celle qui ne veut rien entendre de ce qui n'est pas son désir à elle ne sont, ni l'une ni l'autre, à l'écoute de l'enfant. L'enfant ne peut ni exprimer son désir ni apprendre à s'adapter à celui de l'autre : le sien n'est pas entendu, celui de l'autre lui est imposé. L'enfant n'a pas droit à la parole.

Les parents ont fait pour l'enfant le choix de la vie qui doit être la sienne. « Voilà cette vie que j'ai choisie pour toi ; cette vie, tu dois l'aimer. » Le malheur est que l'enfant n'aime pas cette vie qui lui est donnée à vivre. Et il ne se sent pas davantage le droit d'aimer *autre chose*. Par conséquent, il n'aime *rien*. Rien ne le satisfait ; rien ne le rend heureux. Comment trouver du plaisir sans s'autoriser à découvrir son désir ?

« Ça ne se fait pas de penser d'abord à soi », disait une jeune femme. Dès qu'elle pensait à elle, elle s'entendait dire : « Tu es une égoïste » ; ou encore « Ta mère est malade, c'est à toi de faire attention à elle », « Tu es l'aînée, pense à tes frères et sœurs », « Ton père est nerveux, évite de le contrarier ». Elle a appris à ne pas tenir compte d'elle-même. Elle a pris l'habitude de *passer après* des impératifs qui lui sont imposés par d'autres. Sans penser à soi, comment peut-on penser à vivre ?

Pour penser à soi, il faut que d'autres aient pensé à nous. Un sourire, un geste, un cadeau : tout ce qui permet de croire que l'on compte pour l'autre fait naître le désir de vivre. Les parents ne donnent pas seulement la vie en mettant au monde un enfant ; ils doivent donner envie de vivre, d'être en vie. Ceux à qui ce désir de vivre n'a pas été transmis ont la nostalgie de quelque chose qui leur manque. Ils ignorent quoi, mais ils en savent intuitivement l'importance. Ils le vivent comme une perte irréparable. La perte de quelque chose d'essentiel pour vivre.

Une femme pensait avec émotion au surnom que sa mère lui donnait. Une autre au plat qu'elle aimait et que sa mère ne faisait que pour elle. Un homme se souvenait de longues promenades en forêt avec son père, un autre des maquettes de bateau qu'ils construisaient ensemble. Un autre encore disait : « Mes parents m'ont communiqué le sens de la fête. Quand nous étions tous ensemble, on chantait, on dansait, on riait. » Une chanson, un morceau de musique, un livre, des mots doux : rien ne remplace le bonheur d'instants partagés.

Il importe d'introduire du sacré dans les rituels du quotidien : le réveil, le petit déjeuner, le goûter, le bain, l'histoire que l'on raconte avant de s'endormir... Autant de situations qui peuvent être à l'origine d'un échange tendre et complice. Encore faut-il que ces moments soient *vécus*. Certaines mères sont là sans y être. Elles remplissent leur rôle : leurs gestes sont ceux du devoir, automatiques, mécaniques, sans âme. Leur présence n'est pas juste et authentique. L'enfant le ressent.

De même, il est des cadeaux coûteux qui n'ont pas de valeur pour l'enfant. « Chez ma mère, l'intention était bonne, mais il n'y avait pas d'attention. » Certaines mères font ce qu'il faut. En apparence, il n'y a rien à en dire ; seulement le cœur n'y est pas. Ce ne sont pas de mauvaises mères. Mais leur comportement engendre un sentiment de frustration d'autant plus grand que l'on ne peut l'expliquer. À la douleur du manque s'ajoute la culpabilité de se sentir insatisfait.

« Personne ne peut comprendre que ma mère est monstrueuse. C'est moi qui suis un monstre. » Un monstre de ne pas aimer cette mère si convaincue d'être une bonne mère. « Je suis seule à savoir qu'elle répond toujours à côté, coupe la parole, critique tout, ne tient jamais ses promesses, fait l'inverse de ce qu'elle dit. » L'enfant continue à s'en vouloir de ne pas reconnaître l'amour qui lui est donné, même s'il sait ce qu'il peut reprocher à sa mère. Cela ne suffit pas.

Il se sent ingrat face à l'amour qui lui est donné et pense n'être jamais à la hauteur de ceux qui veulent l'aimer. Il se sent si mal qu'il ne peut faire que le mal autour de lui. Il sait effectivement se montrer odieux : il croit si peu à l'amour que l'on peut éprouver pour lui qu'il repousse ceux qui l'aiment. Il est toujours prêt à dénigrer ceux qui disent voir quelque chose de beau, de bon, de lumineux en lui. Là où les autres voient un ange, certains sont convaincus d'être le diable.

Des comportements suggèrent à un enfant qu'il est un mauvais fils, une mauvaise fille. La violence, qu'elle vienne du père ou de la mère, laisse croire à l'enfant qu'il mérite un tel traitement. Comment peut-il ne pas se mettre en cause ? Les enfants qui subissent des coups et des hurlements de la part de leurs parents n'ont rien fait *de mal*. Les parents agissent ainsi parce que le comportement des autres, quoi qu'ils fassent, les dérange. Certains enfants ont toujours la sensation que leur propre existence dérange.

D'autres ont la sensation que leur présence importe peu. Les parents continuent à vivre comme s'il n'était pas là : ils sont trop préoccupés pour s'occuper de lui. Ils s'enferment dans leur chambre et leur bureau comme dans leurs activités. Ils se ferment à tout ce qui pourrait susciter le moindre conflit au sein de leur couple et de leur famille. Ils se murent dans le silence. Ils sont là, mais ne sont là pour personne. Il est difficile de se sentir exister avec un père ou une mère inexistant.

L'enfant a besoin d'un père *et* d'une mère : d'une relation privilégiée avec l'un et l'autre. Et il a besoin du père pour s'éloigner de la mère. Si celui-ci fait corps avec la mère, l'enfant est seul face *aux parents*. Seul confronté à une absence d'interlocuteur. L'enfant ne peut trouver un allié et n'a personne qui a valeur d'autorité. Une relation avec chacun des parents, en même temps, équivaut à une absence de relation.

Une fille qui se confiait à sa mère fut très blessée de constater que celle-ci racontait tout à son père. Elle le vivait comme une trahison. Aucune complicité ne peut se créer si l'on ne peut dire ses secrets, en toute confiance. Elle aurait aimé pouvoir partager une intimité avec l'un et avec l'autre, séparément. Ce sont deux personnes distinctes à qui l'on veut dire des choses distinctes. On ne dit pas à deux personnes ce que l'on pourrait dire à une seule.

« Demande à ton père » ou « Parles-en à ta mère » interdit tout dialogue. De même « Ton père n'aimerait pas » ou « Ta mère voudrait » sont une façon de refuser toute confrontation directe avec l'enfant. Il est essentiel que les parents tiennent compte des volontés de l'enfant : de cet enfant-là, précisément, qui est le leur. Et pas un autre. Sinon, l'enfant ne se sent pas autorisé à vivre. En s'affrontant, on prend position et on permet à l'autre de s'exprimer.

Il se sent menacé dans ses désirs bien particuliers : ceux qui lui sont propres. Mais surtout, dans son désir de vivre. Il ne se sent pas libre d'agir comme il lui plaît. Jusqu'au jour où il ne se sent plus libre d'agir du tout. Il ne pense plus qu'à se défendre contre toute intrusion extérieure. Dès qu'il s'apprête à faire, à vivre, à aimer, il ne voit que le danger. Il lui faut lutter contre les autres et contre lui-même pour survivre.

Est-ce vivre que de n'avoir jamais la sensation de vivre ? Longtemps contraints de faire ce qu'ils n'avaient pas envie de faire, certains doivent découvrir cette liberté de vivre qui leur est inconnue. Après avoir été niés, blessés, voire humiliés, ils ne savent comment vivre autrement. Ils sont séduits par d'autres comportements, d'autres modes de vie ; mais ceux-ci leurs sont si peu familiers qu'ils éprouvent un sentiment d'étrangeté. Ils ont peur et s'enfuient. On peut désirer ce qu'en réalité on ne désire pas.

Ils recherchent une relation idéale à laquelle ils ne croient pas. Ils rêvent d'être aimés ; mais ils ne veulent rien entendre de ceux qui leur disent des mots d'amour. Ils se plaignent de leur solitude ; un homme, une femme se proposent de la rompre qu'ils n'ont de cesse de rompre la relation. Ils souhaiteraient être désirés ; un autre exprime des attentes à leur égard et ils étouffent. Ils aimeraient être essentiels pour d'autres ; on leur laisse entendre qu'on a besoin d'eux et cette demande les fait fuir. Nombreux sont ceux qui rêvent d'une vie qu'ils n'ont pas eue ; mais cette vie, ils ne sont pas prêts à la vivre.

La mère ou le père *absents* ne peuvent exister ailleurs que dans le domaine du rêve. Ils sont inaccessibles. Comme la famille qu'ils ont idéalisée : celle des autres. Sitôt qu'ils rencontrent celui ou celle prêt à jouer auprès d'eux un rôle maternel ou paternel, ils retrouvent les mêmes sentiments qu'ils ont éprouvés envers leurs parents : des déceptions donnent lieu aux mêmes reproches, des malentendus aux mêmes souffrances. On peut rêver d'une famille ; même si la famille, on la hait.

Une enfance *pas comme les autres* laisse toujours espérer une vie autre. Certains n'aspirent qu'à une vie qui leur donnerait enfin la sensation de vivre. Mais où qu'ils soient, c'est ailleurs qu'ils aimeraient être ; quoi qu'il aient, c'est autre chose qu'ils attendaient. Ils ne sont jamais à leur place. Et là où ils sont, ils ne font que passer. Comme la vie passe. Sans eux.

Ils ne peuvent se contenter de ce qu'ils ont puisque rien ne les contente. Cette perpétuelle désillusion fait écho à leurs désillusions passées. Ils ne croient plus possible de trouver un jour ce qui trop longtemps leur a fait défaut. Mais est-ce à leur vie d'apporter le bonheur qu'ils attendent ou à eux d'apprendre à être plus heureux avec eux-mêmes ? Quoi que la vie puisse donner à vivre, on peut ne voir que le manque à combler. Quand on est fâché avec sa vie, on est fâché avec *la* vie.

Ils redoutent plus que tout de se retrouver face à eux. Face à un mal de vivre dont ils ne savent que faire. Un malaise qui les suit, les poursuit, les envahit. Ils usent de leur intelligence et de leur savoir-faire pour se cacher derrière des masques divers. Ils ne perçoivent plus leurs sentiments intimes. Ils ne savent plus rien de leurs aspirations profondes. Ils sont coupés de leurs racines. Qui sont-ils ? Ils ne le savent pas eux-mêmes.

Préoccupés d'eux-mêmes et soucieux de créer leur propre histoire, ils sont aveugles à celle des autres. Ils risquent de rester fermés à tout ce qu'ils ont attendu si longtemps et qui pourrait les combler. Ils ne prennent pas le temps de regarder un monde qui leur est étranger tant qu'il ne répond pas à leur demande.

« Ce n'est pas mon monde », disent-ils. Comment être acteur d'un monde dont ils ne font pas partie ? Ils veulent exclure de leur vie un passé qu'ils ont en horreur, mais ils se sentent exclus d'un monde auquel ils aimeraient appartenir. La vie est une course vers une satisfaction qui leur échappe dès qu'ils croient s'en approcher. Ce *nouveau* auquel ils aspirent tant — nouveau travail, nouvel amour, nouveau lieu de vie —, apporte à chaque fois de nouvelles déceptions. Le plaisir n'est pas au rendez-vous.

Certains métiers permettent de se *déplacer* sans cesse. Des métiers de prédilection pour ceux qui ne se trouvent jamais à leur place, qui ont la sensation d'être de nulle part, d'aucune famille, d'aucun lieu, d'aucun pays. Il leur faut garder l'espoir de rencontrer qui leur ressemble. Mais se sentent-t-ils un jour *chez eux* ? Leur est-il possible de se poser, se reconnaître dans un univers, un monde, une famille, un amour qui les reconnaîtront à leur tour ? Pourront-ils *trouver leur bonheur* ?

La part méconnue d'eux-mêmes — ou qu'ils veulent méconnaître —, ne leur faut-il pas un jour l'affronter ? C'est en apprenant à mieux se connaître, à faire face à leur mal-être qu'ils découvriront comment faire évoluer une vie qui ne leur donne pas satisfaction. En évitant de se voir tels qu'ils sont, comme de voir leur passé tel qu'il est, c'est la vie qu'ils évitent : ils sont à côté de la vie.

Pour ne pas lutter sans cesse contre soi, il est préférable de remonter aux racines de son histoire et de regarder en face, au lieu de les nier ou de les fuir, ces petites morts qui empêchent de vivre. Comprendre les sentiments de rage, de haine, de rejet qui nous ont rendus malheureux dans notre enfance et qui sont là, toujours présents, malgré les années. Il ne faut plus craindre cette part de soi que l'on déteste : cet ennemi qui est en nous.

Renier, refuser de reconnaître ce passé qui nous a modelés, bon gré mal gré, c'est prendre un temps inutile à vouloir gommer ce qui est indélébile. C'est là, c'est ainsi ; nous ne pouvons faire disparaître ce qui fait partie de notre identité. C'est, trop souvent, une fois les parents disparus que l'on peut apprécier ce qu'ils ont pu et su nous léguer. Sans attendre cet instant ultime, ne pourrions-nous apprendre à accepter ce qu'ils sont et ce qu'ils ne sont pas ? À partir de là, il devient possible de construire, bâtir, faire sa route, loin, ailleurs, autrement.

5

La mort pour mieux vivre

Les deuils nécessaires

Heureux qui, comme Ulysse, a fait un beau voyage, [...]
Et puis est retourné, plein d'usage et de raison,
Vivre entre ses parents le reste de son âge !

Joachim du Bellay, « Les regrets »

« Avant, j'étais toujours dans la fuite : de mes parents, de ma famille, de mes origines. Et, finalement, de moi-même », disait un homme qui avait toujours souffert de s'être senti étranger au sein de sa famille. Est-ce pour cette raison qu'il lui fallait trouver chez des *étrangers* un sentiment de parenté qu'il ne pouvait ressentir parmi les siens ? Certains ne cessent d'être à la recherche d'une famille, d'un pays, d'une culture d'adoption.

Peut-on fuir et se fuir jusqu'à la fin des temps ? Nier ses origines, c'est se renier soi-même. S'il est un temps où il est nécessaire de trouver ailleurs, hors de chez soi, une reconnaissance qui nous a fait défaut, il en est un autre où il fait bon *« retourner vivre entre ses parents »*, se réconcilier avec ses racines. Se réconcilier avec soi.

« Maintenant, j'accepte d'être la fille de mon père et de ma mère. Je connais leurs limites ; je connais les miennes. Je peux travailler à les dépasser. » Cette jeune femme souffrait d'être confrontée à des interdits : « Attention, ne te fais pas mal », lui répétait-on. Elle n'osait plus rien entreprendre. Face à tout choix exprimé, elle entendait : « Tu n'as pas peur de te tromper ? » Ces doutes étaient ceux de ses parents : elle les avait faits siens.

Son père avait cru bien faire en voulant la protéger des dangers qu'il ne cessait d'imaginer. Elle ne pouvait se lancer dans un projet sans être avertie des risques qu'elle encourait. Cette anxiété qui lui avait été transmise, elle en supportait les conséquences sans savoir quelle en était l'origine. Ses peurs, une fois identifiées comme telles — et une fois compris qu'elles étaient celles de ses parents et non les siennes —, elle pouvait apprendre peu à peu à s'en libérer. Elles ne constituaient plus un frein à ses actions. Quand on prend conscience de ce que les parents nous ont transmis, on peut se donner les moyens d'être différent d'eux.

Cette différence, nous souhaitons l'imposer depuis notre enfance. Nous cherchons à exister par des désirs autres que ceux de nos parents. Cependant, nous avons le désir de leur plaire et adoptons leurs manières d'être et de faire. Comment vivre cette dualité ? Pour leur plaire, devrions-nous renoncer à exister, et pour exister renoncer à plaire ? Dilemme d'autant plus difficile que nous avons besoin de leur assentiment pour nous rassurer quant à nos choix. Nous voulons être acceptés dans notre différence sans prendre le risque d'une indifférence.

Des parents n'aident pas l'enfant à savoir qui il est. Si certains sont attentifs à leurs capacités comme à leurs difficultés, d'autres lui laissent peu de liberté pour s'exprimer. Ils décident avec force et autorité de ce qu'il doit faire et ne pas faire. « Non, *on* ne sort pas », affirmait une mère. En réaction, la fille disait : « On a tellement pensé pour moi que je me croyais incapable de penser toute seule. Il fallait que je pense comme ma mère. » Adulte, elle regardait comment les autres pensaient.

Être elle-même, elle ne savait pas ce que cela signifiait. Dès qu'elle se permettait d'émettre une opinion ou un désir qui lui était propre, sa mère y voyait un moyen de s'affirmer *contre* elle. Dans un perpétuel rapport de force, la fille n'avait d'autre choix que s'interdire de vivre et être en révolte permanente contre sa mère ou vivre et se sentir coupable. Pour s'autoriser à vivre, il ne faut pas craindre de rompre avec le modèle familial.

Une jeune femme souffrait de vouloir faire mieux que ses parents. Souffrance qu'elle retrouvait dès qu'elle prenait l'initiative d'une séparation sentimentale, amicale ou professionnelle. Tout choix était vécu comme un abandon : elle rejetait ceux qui n'étaient *pas assez bien* pour elle. Rejet dont elle se sentait coupable : méritait-elle d'avoir mieux que ce que d'autres vivaient et lui donnaient à vivre ? Devait-elle, pour vivre, *tuer* ceux qu'elle aimait ?

Les enfants doivent pouvoir dire « non » autant qu'ils acceptent de l'entendre. Dire « non », ce n'est pas nier l'autre, ni le renier, ni le rejeter. C'est dire ce qui ne convient pas pour permettre à la relation d'évoluer, ou dire « non » à la relation si elle nous empêche d'évoluer. Il faut oser dire son désir face à qui s'y oppose.

Le désir est unique et singulier : pour se définir, il doit se redéfinir sans cesse dans la relation avec l'autre.

De même, notre image ne doit plus souffrir du regard que nous portons sur nos parents, un regard sans complaisance et qui juge : « Quand j'étais enfant, je trouvais les parents de mes amis plus intéressants, plus cultivés, plus jeunes, plus actifs, mieux habillés... » En regardant leurs parents, certains se regardent dans un miroir déformant. À cette seule différence : ils ont oublié qu'il s'agissait d'un miroir déformant. Les parents, ce n'est pas nous ; nous ne sommes pas eux.

Nous n'avons pas davantage à juger leur vie qu'ils n'ont à juger la nôtre. Cessons d'avoir comme référence un père et une mère parfaits, lesquels n'existent pas. Fonction de leur propre histoire et de la façon dont ils ont pu être aimés ou mal-aimés, ils ont fait ce qu'ils ont pu. Ce que l'enfant a pris pour une abnégation, pour une vie d'une tristesse accablante et qui à son tour l'accable, demandait un effort et un courage qu'il ne découvre que plus tard. C'était leur vie.

La vie des parents, dont nous avons pu connaître les douleurs ; mais dont nous ignorons, bien souvent, quels en ont été les joies et les plaisirs. Nous ne les avons pas reconnus comme tels car ce ne sont pas ceux que nous aurions désirés pour eux. N'agissons pas (envers eux) comme nous ne voulons pas les voir agir envers nous. Cessons de vouloir pour eux une autre vie que la leur, sous prétexte que nous voulons leur bonheur. Nous pourrons nous accorder, à nous aussi, d'avoir la vie que nous avons choisie.

Qui n'a eu le désir de *transformer* l'autre ; ce d'autant plus qu'il lui importe ? Parents, enfants, hommes, femmes, tous voudraient que l'être aimé soit différent de ce qu'il est. « Que puis-je faire pour qu'il change ? »

Dans l'attente de ce changement, c'est leur propre comportement qu'ils mettent en cause : « Si j'agis autrement, peut-être l'autre se comportera-t-il autrement ? » Pour ne plus avoir à souffrir du comportement de l'autre, ils se mettent en condition de souffrance. Vouloir être autre pour que l'autre soit autre nous rend esclaves de ses faits et gestes.

Notre bonheur est conditionné par la bonne volonté de l'autre à faire le sien. Nous sommes convaincus que celui ou celle que l'on aime pourrait se comporter différemment, *s'il le voulait bien.* Et nous avons la certitude qu'il en serait plus heureux. « Je voudrais qu'il comprenne ce qui est bon pour lui. » Ce qui est bon pour lui n'est pas autre chose que notre propre désir qu'il nous aime, nous comprenne et se comporte comme *nous* le souhaitons. Vouloir changer l'autre par amour, c'est tout simplement vouloir qu'il nous aime.

« Mange, dors, fais tes devoirs... pour me faire plaisir », ou encore « pour faire plaisir à ton père », dit la mère. Chacun n'a-t-il pas été élevé dans l'idée qu'il doit agir comme l'autre le lui dit, sous peine d'entendre : « Tu n'es pas gentil », « Tu veux rendre ta mère malade ? » et même, « Tu veux tuer ta mère ? ». Les parents exercent sur l'enfant un chantage affectif et le conditionnent à agir ensuite de même avec son entourage. L'enfant exigera des êtres aimés qu'ils agissent en fonction de *son* désir : « Si l'autre m'aime, il *doit* agir ainsi », pensera-t-il. On devient ainsi dépendant de celui ou celle que l'on voudrait dépendant de soi.

La volonté de puissance donne lieu à un douloureux sentiment d'impuissance. L'autre n'agit pas comme il le devrait ; on ne cesse de se remettre en cause : « Ai-je bien fait ? N'aurais-je pas dû faire ceci, dire cela ?... » On se croit responsable de ce que les autres vivent, comme de tout ce qu'ils nous font vivre. Victimes d'une injustice, certains sont toujours prêts à s'accuser : « C'est de ma faute. » Quand on reproche à l'autre son comportement, on est prêt à se reprocher le sien.

Les souffrances que nous avons subies dans notre enfance, nous pensons en être la cause. Nous n'avons d'autre explication à notre malheur que notre incapacité à nous faire aimer. Pourquoi ce silence face à nos questions ? Nos paroles ne valent pas la peine d'être prises en considération. Pourquoi ce refus de nous donner la place que nous désirons ? Nous ne la méritons pas. Pourquoi ce manque de respect, cette maltraitance ? Nous n'avons pas fait ce qu'il fallait pour nous faire respecter. Le comportement de l'autre nous déplaît : c'est nous qui ne savons que déplaire.

Faut-il que l'autre ou nous-mêmes, l'autre et nous-mêmes, soyons coupables ? Nous condamnons l'autre sans comprendre l'origine de son mal-être, lequel est à l'origine de notre mal-être : il nous rend malheureux, car il est malheureux. Mais, en aucune façon, il ne veut nous rendre malheureux. « Par mon divorce, je rends mes enfants malheureux. Alors que je n'ai qu'un désir : les protéger autant que possible de toute souffrance », disait une mère. Nous subissons des douleurs que l'autre subit.

Nous attendons un dialogue, un *vrai* dialogue qui nous libère de ce malentendu, lequel, avec le temps, ne fait qu'empirer. On renvoie à l'autre la souffrance qu'il nous procure et on se ferme à toute réponse qui pourrait calmer nos angoisses. On le rejette dans sa totalité et on se rejette soi-même avec brutalité. « Il ne sait que prendre et éjecter : il y met à chaque fois la même passion », disait une femme à propos de son mari qui ne savait aimer que dans une succession de déclarations et d'insultes. Certains ont trop été niés pour ne pas nier ceux qu'ils aiment.

Ils ont été niés par ceux qui étaient dans le déni de leurs propres souffrances. Il est des drames familiaux dont on ne parle pas : les taire, pense-t-on, pourrait les faire disparaître à jamais. Des enfants morts en bas âge, d'autres nés d'un adultère, des enfants battus par leurs parents, des relations incestueuses, des dépressions graves, des *folies*, des suicides, des faillites scandaleuses, des pertes au jeu qui ont ruiné la famille : des meurtres de l'âme ont été enfouis au fil des générations. Ils font partie d'une histoire dont les descendants ne savent rien. C'est la loi du silence.

Les parents, grands-parents, arrière-grands-parents n'ont jamais fait le deuil des drames qu'ils ont vécus. Mais ils ont transmis leurs blessures, leurs difficultés à dire, leurs impossibilités à communiquer. Leur vie s'est arrêtée, même s'ils ont continué à vivre. Les enfants ont hérité de leur incapacité à vivre. Ils souffrent avec d'autant plus d'intensité qu'ils ne savent pas pourquoi ils souffrent. Les non-dits les empêchent à leur tour de faire le deuil d'événements qu'ils ignorent. Les secrets de famille sont comme des morts sans tombeau.

Un homme avait l'habitude de se parler à lui-même, comme un père ou une mère auraient pu le faire. Il s'aperçut qu'il remplaçait ainsi la voix absente du père : ce dernier ne lui avait pas adressé la parole pendant des années. Il prit soudain conscience de la souffrance qui avait été la sienne et des conséquences sur sa vie. Lui-même ne savait pas *parler*, dire ses sentiments et, dans le dialogue, permettre à l'autre de les dire. Son père avait été abandonné à la naissance par ses parents et rejeté de la famille ; les autres frères avaient tout reçu en héritage. Il n'avait rien eu, il n'était rien ; il en avait perdu la parole. Le silence se transmet.

Au fil des générations, des mots se répètent et font écho à une souffrance muette. « Tu finiras seul, cette personne n'est pas bien pour toi », disait une mère à son fils. Sa propre mère avait été quittée par son mari. Lui-même était devenu incapable de poursuivre la moindre relation ; il y mettait toujours fin, convaincu qu'elle était condamnée à se terminer. Quand il a identifié cette peur comme étant celle de sa mère, peur héritée d'une histoire qui n'était pas la sienne, il a pu se donner les moyens de vivre sa propre histoire.

Une femme se disait à elle-même : « Le bonheur, ce n'est pas pour toi. » Sa mère lui avait donné l'exemple d'une femme qui ne savait pas se défendre : elle supportait avec le sourire des situations dont la fille pensait qu'elles ne pouvaient lui convenir. Cette mère avait vu sa propre mère victime d'un mariage malheureux ; et elle adorait son père. Cet attachement si fort au père était-il à l'origine d'un bonheur interdit, qui se transmettait de mère en fille, les empêchant de donner vie à leurs rêves ? On s'empêche de vivre ce que nos ancêtres, *déjà*, étaient dans l'incapacité de vivre. Une fois que nous l'avons compris, cette incapacité n'est plus inéluctable. On a le droit d'être heureux.

« Soudain, je me sens coupé, face au néant. » L'arbre généalogique de cet homme avait été *coupé* : son père avait changé de religion, de nom, de lieu de vie et n'avait jamais évoqué sa vie d'avant. Un trou noir, un pan obscur : les racines de cet homme avaient été en partie tronquées. C'était plus qu'un silence ou un non-dit : c'était un mensonge. Qu'importe ce qu'on pouvait lui dire ; l'essentiel, on ne le lui disait pas. C'est comme si on lui parlait dans une langue qui n'était pas la sienne. Cet homme éprouvait le besoin d'écrire : de trouver son propre langage, des mots vrais pour une communication vraie. Il lui fallait établir un lien pour remplacer celui qui lui avait tant fait défaut, rétablir sans cesse un lien d'amour et de vie.

Rétablir le lien, entendre des paroles manquantes, trouver une place que l'on n'a pas eue, recevoir des gestes d'amour que l'on croit destinés à d'autres et non à soi : autant d'attentes si essentielles pour vivre que certains se rendent incapables de les vivre. La relation avec l'autre est une bataille, une lutte, un affrontement. Ils ne laissent pas l'autre libre d'agir, si ce n'est en réponse à leur désir. L'autre doit les soulager de leur souffrance. Il est là pour les guérir d'un mal qu'ils ignorent.

Il n'agit pas comme il le devrait, comme ils le veulent avec passion ; leur vie est remise en question. « Je ne sais pas ce qu'il faut faire, je ne l'ai jamais su et je ne le saurai jamais ; de toutes les façons, je ne sais pas m'y prendre » : ces réflexions traduisent un état de perdition. « Que dois-je faire ? » : ils ont besoin de conseils qu'ils recherchent auprès d'amis, de parents, dans les livres, les magazines. Conseils qui réactivent la douleur du doute. On donne aux autres trop d'importance et l'on perd toute confiance en soi. Les autres savent ; on ne sait pas.

Les *recettes de vie* nous rassurent quand elles vont dans le sens de ce que nous pensons déjà. Mais elles ne doivent pas entretenir l'idée que nous serions dans l'erreur si nous ne devions nous fier qu'à notre propre instinct. Dans ce cas, elles ne calment pas l'anxiété liée au sentiment de ne pouvoir faire évoluer les événements comme on le voudrait. Dès que l'on se croit responsable du non-vouloir de l'autre, on ne cesse de chercher l'attitude qui pourrait l'amener à être comme on voudrait qu'il soit. « S'il le voulait » devient « Si je sais faire en sorte qu'il le veuille ». Quand on est dépendant d'un comportement bien précis de la part d'autrui, on l'est également de qui nous dit ce qu'il faut faire et ne pas faire.

Le bonheur semble à portée de main, mais il repose entre les mains d'un autre : cet autre que l'on tient pour responsable du mal qu'il nous fait, sous prétexte qu'il *peut* nous faire du bien. Est-on en droit de le condamner ? « Je suis déçu », dit-on. Mais l'autre est-il toujours coupable d'un comportement qui ne nous plaît pas ? L'autre est ce qu'il est — ne l'oublions pas — ; et cela quoi que nous puissions faire. Tant que l'on n'a pas accepté les limites qu'il nous impose, on se heurte à un mur : celui d'une vérité que l'on ne veut pas voir. On souffre de son propre refus à accepter la réalité telle qu'elle est.

« C'est inacceptable », répétait une femme à son compagnon : il se montrait peu respectueux de ce qu'elle désirait. « Puisqu'il sait ce que je veux, pourquoi ne le fait-il pas ? » Le refus de cet homme la renvoyait à d'autres refus qu'elle n'avait jamais acceptés. Pourquoi cet homme ne lui donnait-il pas la place qu'elle souhaitait avoir dans sa vie ? Pourquoi ses parents ne lui avaient-ils pas donné la place qui aurait dû être la sienne ? En s'acharnant à lutter contre le rejet de cet homme et celui qu'elle avait subi dans son enfance, elle se mettait en condition de le revivre.

Demeurer là, tout en répétant qu'elle n'acceptait pas ce que cet homme lui donnait à vivre, donnait à voir qu'elle l'acceptait. « Tu me traites comme moins que rien ; tu as raison, je suis moins que rien. » Elle l'incitait, par le fait même de rester, à ne pas modifier son comportement. Elle exprimait son mécontentement dans le désir le voir agir autrement ; mais, voulant faire entendre son malheur, elle le perpétuait. Il lui fallait refuser, au lieu de vouloir le réparer, ce comportement qui lui déplaisait. Il faut rejeter celui qui nous rejette.

Le petit enfant dit spontanément : « T'es plus mon copain, t'es plus ma copine. » Il ne s'embarrasse pas d'explications, celles des autres et les siennes. Il est tout entier dans ce qu'il ressent. Le comportement de l'autre ne lui convient pas et il le dit. Il ne cherche ni à savoir pourquoi l'autre se comporte comme il le fait, ni à le transformer. On n'a pas à accepter qu'il se comporte mal, même s'il a toutes les bonnes raisons de le faire. L'accepter, c'est lui donner raison.

Il importe de voir la relation telle qu'elle est. Vouloir poursuivre une histoire d'amour, des liens amicaux, des relations professionnelles qui ne conviennent plus a pour effet de nier peu à peu ce que l'on est, d'oublier nos désirs pour se soumettre à ceux de l'autre. On veut, de toutes ses forces, faire évoluer la relation. Elle est devenue si essentielle qu'on agit aux dépens de ce qui est essentiel pour nous.

Des hommes et des femmes constatent, après des années de vie commune, avoir subi une relation qui les rendait malheureux. Leur histoire n'existait que par leur bonne volonté à la maintenir en vie ; ils luttaient pour lui donner un sens qu'elle n'avait pas, ou qu'elle n'avait plus. Le jour où ils ont compris que l'autre ne changerait jamais et que la façon dont il se comportait n'était pas de leur fait, ils ont pu mettre fin à la relation. Il faut du temps pour accepter de ne plus vivre ce qui ne nous convient plus.

« Pourquoi m'a-t-il fallu toutes ces années pour comprendre ? J'ai perdu tant de temps. » Face à une relation qui n'est pas ce qu'elle devrait être ou n'est plus ce qu'elle était, on veut continuer à croire que tout est possible. On se bat contre l'autre, contre soi, on se débat dans des explications : on ne peut pas renoncer à celui ou celle qui nous importait tant. Comment laisser mourir un amour, une amitié, un lien auxquels on tient ? C'est de notre propre mort dont il est question.

« C'est toujours la même chose ; et ce sera toujours la même chose. » Malgré nos efforts, ce qui nous faisait souffrir continue, et continuera à nous faire souffrir. Dans cette perte de nos illusions, nous ne faisons rien d'autre qu'un travail de deuil : le deuil de la relation. Ce n'est pas du temps *perdu*. Comment faire autrement que de prendre le temps nécessaire pour accepter de perdre ce qui nous est si cher ? Ce temps, aucune rupture ne permet d'en faire l'impasse : se séparer définitivement de ce qui aurait pu être une belle histoire d'amour est un drame, une déchirure.

« Puisque c'est possible, puisque que cela a été, comment accepter que cela ne soit plus ? » Il suffit que l'être aimé, par instants, soit tel qu'on le rêve et donne à vivre une relation proche de la relation idéale pour que le deuil soit encore plus long et difficile. On garde l'espoir qu'il soit toujours comme il peut être parfois, si aimable et si aimant. La frustration est à la hauteur de ces bonheurs trop fugitifs. On peut rester des années à attendre que se répète ce qui n'a existé qu'un temps.

On reste fidèle, dans sa pensée, à une relation qui est devenue plus imaginaire que réelle. On ne peut se résigner à vivre sans cet autre qui procurait, avec une telle intensité, la sensation de vivre. On ne veut pas perdre l'espoir que reviennent un jour cet amour, cette entente, cette magie disparus. Pourtant, celui ou celle que nous avions choisi ne pouvait nous apporter ce dont nous avions besoin. Mais plus il nous fait souffrir, plus nous sommes dépendants de lui : lui seul, pensons-nous, peut calmer cette souffrance qu'il a provoquée. On revit des situations de l'enfance où il nous fallait nous battre pour exister et nous faire aimer.

Ils nous faut faire le deuil d'une promesse, le deuil d'un rêve. Un rêve présent qui fait écho à des rêves passés. Un rêve qui nous a donné la force de vivre et qui, au moment de le perdre, nous donne envie de mourir. Comment accepter que ce que nous espérons du plus profond de notre cœur relève de l'impossible ? Comment croire que ce que nous mettons en œuvre pour l'atteindre, usant de tout notre amour, de notre intelligence, de notre expérience n'aboutira jamais à rien ? Désormais, pourquoi se battre ? Pour qui ?

Pour nous-mêmes. Là est le changement essentiel que nous devons accomplir : ne plus attendre que l'autre, les autres changent. Quand nous acceptons qu'ils soient autres que ce que nous en espérions, nous pouvons enfin accepter ce que nous sommes et nous permettre d'être autres que ce qu'ils attendaient de nous. De même, lorsque nous arrêtons de penser pour les autres ce qui est bon pour eux, nous pouvons refuser de nous laisser imposer ce qu'ils croient être bon pour nous.

Accepter que ce passé soit ce qu'il est permet de mieux accepter, dorénavant, que *les choses soient ce qu'elles sont*. Nous ne mettons plus notre passion à vouloir nous transformer pour transformer l'autre, à tenir compte de ce qui pourrait lui plaire et de ce qu'il est, et non de ce qui pourrait nous plaire et de ce que nous sommes. On s'accepte tel que l'on est.

Dans cette lucidité retrouvée, la vie reprend son sens. Quel soulagement de ne plus être dans l'attente de ce que l'on sait ne plus devoir attendre ! Quel bonheur, tout simplement, de perdre une souffrance dont nous ne pouvions plus nous détacher, puisqu'elle était intimement liée à ce qui nous donnait le désir de vivre. On s'aperçoit, bien au contraire, que la vie est ailleurs, justement pas là où, avec anxiété, nous l'attendions.

La vie, justement, pour qu'elle soit vie, doit toujours pouvoir nous surprendre. D'autres lieux de vie, de nouvelles rencontres, des circonstances inespérées nous amènent à vivre ce que nous n'avions jamais pensé pouvoir vivre. Des joies nous attendent que nous n'avions en aucune façon prévues, comme nous avons des bonheurs en perspective que nous ne connaissions pas. Il serait triste de s'enfermer dans une idée trop précise de ce que doit être *le bonheur*. Nous avons le plus grand intérêt à rester toujours ouvert à l'inconnu.

Des changements peuvent alors nous surprendre : nous ne sommes plus en position d'attente. Après avoir fait le deuil de ce que nous aurions voulu possible, mais ne l'était pas, la vie est ouverte à tous les possibles. En acceptant de perdre ce que nous n'avons pas eu, nous pouvons découvrir l'inattendu. Engendrer, créer, donner naissance à toutes les possibilités qui sont en nous. Donner naissance à une autre vie.

Nos morts, nos vies

Rien de ce que tu sèmes ne saurait vivre, s'il ne meurt auparavant.

SAINT PAUL,
« Première épître aux Corinthiens »

Il n'est pas de naissance qui ne soit précédée d'un deuil. Rien n'est plus beau que de donner la vie, mais quelles ne sont pas les douleurs de toute gestation ? Une femme qui attend un enfant voit son corps, son couple, sa vie devenir autres. En même temps qu'un sentiment de plénitude, elle ressent un vertige face à cette *nouvelle vie* qu'elle attend, sa nouvelle vie qui l'attend : la vie qui se transforme par cette vie qu'elle porte en elle.

Une femme que son métier amenait à prendre des risques s'est vue y renoncer. Un métier qui était *toute sa vie*. Mais sa vie *ne lui appartenait plus* comme avant : une vie libre, sans responsabilité ni contrainte. L'enfant qu'elle portait, le corps étranger qui se développait en elle la remplissait de joie et d'effroi. Qu'en sera-t-il de sa vie future, de sa relation avec le père de l'enfant, avec ses propres parents, avec son entourage ? Le changement à venir bouleverse l'équilibre qui s'est peu à peu constitué au sein du couple et de la famille. Rien n'est plus et ne sera plus comme avant.

S'il s'agit d'un premier enfant, le père et la mère font le deuil d'un couple sans enfants où chacun peut être tout pour l'autre : il peut recevoir de l'autre l'attention exclusive dont il avait manqué dans son enfance. L'enfant représente un nouvel objet d'amour ; mais aussi de l'amour à partager. L'autre aimera-t-il de la même façon ? Eux-mêmes, qu'adviendra-t-il de leurs sentiments ? Comment ont-ils vécu leur propre relation avec leur père, avec leur mère ? N'ont-ils pas eu à souffrir d'une préférence pour l'un, pour l'autre ; d'une alliance avec l'un ou avec l'autre ? Quelle place viendra prendre l'enfant ?

Avant la venue d'un enfant, le père et la mère ne sont responsables que d'eux-mêmes : ils sont libres d'aimer et de rester, de ne plus aimer et de partir. Cette naissance peut faire craindre de perdre l'amour, en même temps que la liberté. C'est un bonheur qui donne la nausée. C'est un vertige qui fragilise : une source d'interrogations, de peurs, et même de terreurs. C'est un passage, une traversée qui inquiète et demande que l'on soit accompagné.

Il se peut que la mère attende, seule, un enfant. Le père est loin ou n'est plus là. Même présent, il a des difficultés à *être là* : il ne peut donner à la femme les attentions dont elle a besoin. Devenir père fait naître chez lui des peurs et des angoisses qui ne lui permettent pas d'entendre celles de sa compagne. Ayant lui-même besoin d'être rassuré, il ne peut jouer le rôle que la femme attend de lui. La mère souffre de l'absence du père ; le père d'une demande qu'il ne peut satisfaire.

Plus le père de l'enfant est absent, plus celui de la mère est présent. « J'admirais mon père. Nous avions une relation privilégiée. Je n'ai pas permis au père de mes enfants de prendre sa place. » Ce père, celui de la mère, tient lieu de référence : c'est un père comme le sien qu'elle aurait désiré pour père de son enfant. Choisit-elle, alors, un homme qui ne peut jouer son rôle de père, ou lui interdit-elle de le jouer ? La mère, en même temps qu'elle fait le deuil d'un père idéal pour son enfant, fait le deuil de son propre père comme père de l'enfant.

« Mon père est mort quand j'avais douze ans. Dans la famille, on n'a plus jamais prononcé son nom. Pendant des années, j'allais tous les jours au cimetière pour lui parler. » Elle fut longtemps à la recherche d'un père, d'un père présent pour elle. Lors d'une séparation avec un homme qui jouait auprès d'elle un rôle paternel, sa douleur fut telle qu'elle comprit n'avoir jamais fait le deuil du père absent. Elle n'avait pas permis à un homme de prendre une place d'homme pour elle et une place de père pour son enfant.

Tant qu'elle restait une fille en attente d'un père, pour elle, il lui était difficile de donner *naissance* à un père, pour un enfant. Et quand elle eut un enfant, le père n'était *plus qu'un père* : « Le père de ma fille est devenu un père, ce n'est plus mon mari. Je n'éprouve plus de désir. » Elle-même, une fois mère, ne se sentait plus femme. Une mère peut éprouver des difficultés à être à la fois mère *et* femme.

Après avoir accouché, des femmes craignent de perdre à jamais leur féminité. « Ma mère était si belle quand elle était jeune. Je l'ai vue peu à peu se transformer après la naissance des enfants. » Dans le regard de la fille, la mère n'était plus une femme : c'était une mère. Comme elle semblait *n'être que mère* dans le regard du père. Le paradoxe est qu'une fille a besoin de voir sa mère comme une femme afin de s'autoriser à l'être ; mais si sa mère est plus femme que mère, elle a des difficultés à être mère à son tour.

Une femme qui devient mère est plus que jamais confrontée à la complexité de la relation avec sa propre mère. L'occasion lui est donnée de mieux la comprendre et se faire comprendre d'elle. Parfois, c'est un deuil qu'il lui faudra faire : celui d'une mère présente. Une mère dont elle a rêvé et dont l'absence, pendant cette période d'enfantement, est lourde à porter. De même que certaines apprennent seules à être femmes, des mères improvisent un rôle de mère qu'elles n'ont jamais connu.

Afin de vivre ce qu'elles n'ont pas vécu, la fonction de mère va être si essentielle qu'elles vont y trouver leur *raison d'exister*. Enceintes, des femmes se sentent plus heureuses et épanouies que jamais : la vie les remplit. Mais la naissance marquera la première séparation avec l'enfant. Au fur et à mesure qu'il acquiert une autonomie, elles font le deuil du bébé, puis du petit enfant, de l'enfant, de l'adolescent. Elles perdent ce qui avait donné un sens à leur vie et se retrouvent face au vide.

Certaines ne le supportent pas et comblent leur manque par une autre grossesse, puis d'autres. Elles sont pleines d'une vie — la vie d'un autre — qui les quittera à nouveau. On peut passer son existence à la *remplir* d'activités et d'occupations multiples qui n'apportent pas ce qu'on en attend ou qui ne l'apportent qu'un temps. Ne faut-il pas alors se tourner vers le passé et comprendre ce qui fait défaut depuis longtemps, plutôt que d'avoir l'illusion d'un désir qu'il faut sans cesse remplacer par un autre ? On court après une vie qui est là et qu'on ne voit pas.

Donner vie à un enfant, un amour, un projet éveille à la vie. Mais ne craint-on pas de voir cette source se tarir et ce qui procurait le désir de vivre donner envie de mourir ? « Je ne veux rien commencer qui puisse être bien ; je ne supporte pas l'idée que cela puisse se terminer. » « Il est des plaisirs que je ne veux pas découvrir : s'ils venaient un jour à finir ! » Ceux qui font le plus de bien sont ceux qui sont les plus susceptibles, ensuite, de nous faire du mal.

Ce qui nous éveille à la vie fait prendre le risque d'être tôt ou tard face au manque. Un événement porteur d'espoir fait craindre déceptions et désillusions. Celles-ci ne font-elles pas partie de la vie ? Quel autre moyen de ne pas en souffrir que de les accepter ? Nous ne pouvons éviter les douleurs de l'enfantement, comme celles qui lui succèdent. Doit-on en déduire qu'il ne faut pas donner la vie ? Nous avons le choix entre souffrir de ne pas exister et souffrir des conséquences de ce qui fait exister.

À la naissance d'un enfant, la mère oublie les doutes, les interrogations, les angoisses qui l'ont habitée pendant toute la grossesse. Il en est de même pour toute naissance, dans le sens d'une création. Les peurs et inquiétudes appartiennent au passé ; on ne regrette pas les efforts mis en œuvre pour réaliser ce qui nous tenait à cœur. L'essentiel est là, dans ce que nous avons accompli.

Toute réussite est un défi de tous les instants. Rien n'est gagné pour toujours. Mais on a rien à perdre : nous ne regrettons rien de ce que nous aurions pu perdre si nous ne nous étions pas donnés à cœur d'aller au bout de notre tâche. Nous sommes libérés de ce que nous savions devoir faire. Libres pour un commencement *d'autre chose*. Pour une nouvelle vie.

Dans notre chemin de vie, il n'est pas d'évolution sans larmes et sans douleurs. Seul le deuil de ce que nous n'avons pas vécu ou mal vécu peut donner vie à une autre vie. Les séparations, les deuils obligent à faire un travail que nous n'aurions pu faire autrement. À travers un deuil, on fait d'autres deuils : le deuil de la relation avec le père et avec la mère, telle qu'on aurait aimé la vivre. Le deuil de la relation entre le père et la mère, telle qu'on aurait souhaité que ces derniers la vivent. « J'ai raté mes parents, donc j'ai raté ma vie. » Il est des poids dont nous devons nous libérer pour avancer.

Jamais, au terme d'un parcours qui exige patience et persévérance, nous n'avons d'interrogation quant à la valeur du changement que nous avons ainsi induit. « Comment ai-je pu vivre ainsi ; je n'aurais jamais pensé vivre ce que je vis. » Une fois que la page est tournée, « c'est oublié, c'est balayé, on ne regrette rien », comme dans la chanson. Jamais nous ne regrettons ce qui a été vécu et aurait pu être encore vécu.

Dès qu'une route paraît être la bonne, il est bon de s'y engager : nous ne devons pas craindre de perdre ce qui nous aurait amenés à nous perdre si nous n'avions pas agi de la sorte. La transition est toujours douloureuse, mais au moins amène-t-elle une ouverture possible. Un présent qui fait souffrir ne laisse entrevoir que de nouvelles souffrances.

Tant de séparations qui ne pouvaient laisser supposer l'idée d'un après, et encore moins l'idée d'un après qui puisse être bien vécu, se révèlent, avec le temps, être non seulement bénéfiques, mais avoir été nécessaires pour ne pas mourir à soi-même. Combien de divorces, même très douloureux, aboutissent un jour à cette réflexion de la part de l'une ou l'autre des personnes concernées — celle que l'on est amené à entendre — : « C'est mieux que tout ce que je n'avais jamais osé espérer. » Ainsi parlent-ils de leur nouvelle vie. Leur chagrin prenant fin, ceux qui se sont, même malgré eux, libérés de certaines entraves, peuvent ensuite donner le jour à une histoire d'amour plus belle que toutes celles qu'ils avaient pu imaginer.

De même lors de tout changement : tout ce qui meurt donne naissance à autre chose. Combien de projets avortés ont permis, par la suite, à d'autres projets de se réaliser. Ceux qui jadis se lamentaient constatent alors que ce qui leur semblait vital ne l'était pas. Ils peuvent finalement remercier ceux qui les ont quittés ou ont entravé leur chemin. Sans le savoir, ils couraient à leur perte ; ils se sont arrêtés à temps. Contraints, dans cette pause obligée, de réfléchir sur leur sort et de remettre en question nombre d'idées reçues, ils ont ainsi infléchi le cours de leur route et se retrouvent, souvent à leur plus grand étonnement, là où ils devaient être. Ne pleurons plus ceux qui nous délaissent ou les projets interrompus !

Certains n'ont commencé à vivre qu'en s'éloignant d'un environnement sécurisant, mais sclérosant. Des jeunes gens et des jeunes filles se sont maintenus dans des relations quasi conjugales avec l'un de leurs parents. Ils restaient à la maison, avançant un confort matériel, certes réel, mais qui ne suffit pas pour justifier l'enfermement qui en résultait. Ils n'ont pu faire leur vie qu'une fois installés dans leur propre espace. Il faut construire son nid avant de pouvoir s'envoler.

Des hommes, des femmes, jeunes et moins jeunes, n'ont pu réussir une vie amoureuse qu'après s'être éloignés de leur milieu familial ; d'autres, de façon plus dramatique, après la mort du père ou de la mère. Il est des liens si forts qu'ils vous rendent captifs d'une histoire qui n'est pas la vôtre ; liens qui engendrent nombre d'alibis pour ne pas vivre sa vie. C'est pourquoi le destin, brusquant les événements et les décisions impossibles à prendre, peut engendrer autant de douleur qu'il est libérateur.

Il ne s'agit pas de célébrer, le cœur joyeux, toute séparation avec un être aimé, de quelque façon qu'elle nous soit imposée. Ni de se réjouir dès que l'on se trouve face à un échec, un refus ou des circonstances dramatiques qui viennent interrompre une vie tranquille. La douleur est toujours très profonde. Mais il ne faut pas oublier que ce que l'on croyait être la fin du monde n'est que la fin d'une période de notre vie.

Quoi que nous puissions faire, la vie est une succession infinie de vies et de morts. Il n'y a pas de mort sans vie, de vie sans mort. Toute naissance à une nouvelle vie signifie qu'une vie se meurt ; tout ce qui naît nous fait mourir à autre chose. Nous ne serons jamais plus celui ou celle que nous étions. Nous ne revivrons jamais ce que nous avons vécu. « Qui sait si vivre n'est pas ce qu'on appelle mourir et mourir ce qu'on appelle vivre ? », a dit Euripide.

Si nous n'acceptons pas de mourir pour renaître, nous finissons par mourir de tristesse, de chagrin, d'ennui ou de maladie. Certains ne voient que les difficultés inhérentes au changement : les risques encourus lors de tout saut vers l'inconnu. Incertains quant à la valeur d'un labeur dont ils ne savent où il les mènera, ils trouvent des justifications à leur immobilité. Plutôt que de remettre en question une vie qui ne les satisfait pas, ils projettent la faute sur autrui. Il est plus facile de juger la vie des autres que de porter un autre regard sur la sienne.

Il n'est pas facile de rompre avec ses vieilles habitudes ; même celles qui rendent malheureux. Chacun est attaché à une histoire qui est la sienne. Une histoire à laquelle il a cru avec tant de force qu'y renoncer serait se désavouer lui-même. Découvrir que ce que l'on croyait essentiel ne l'est pas et ce pourquoi on a souffert n'en valait pas la peine désespère. Accepter que meure ce qui était *notre vie*, c'est mourir à soi-même.

« Penser à moi, je n'y avais jamais pensé. » Une femme a appris qu'il lui fallait être sage et obéissante pour plaire à ses parents, à ses professeurs, à ses supérieurs hiérarchiques, mais aussi à ses amis et à son mari : elle a toujours agi comme elle croyait bon de le faire. N'était-ce pas le seul moyen de se faire aimer d'eux ? Adoptant la ligne de conduite qui lui était dictée par son entourage, elle était certaine que tout irait pour le mieux. Quand on est si convaincu d'être dans le vrai, quelle n'est pas la douleur de constater que l'on s'est trompé !

« J'ai vécu pour le dehors, sans jamais entendre la petite voix intérieure qui me disait ce que j'avais à faire. Je n'écoutais que ce que l'on me demandait. » Un mariage, le choix d'un métier ont été conditionnés par la croyance en des valeurs que l'on n'a pas remises en question. Seul un échec permet de constater que le choix n'était pas le bon. Et il permet ainsi de prendre conscience de difficultés relationnelles qui n'avaient pu être résolues.

Une femme épouse un homme sérieux et timide. Elle croyait trouver enfin une sécurité : « Je pensais que lui ne me quitterait jamais ; pas comme ma mère qui ne m'avait jamais comprise, ma grand-mère qui était morte, mon premier petit ami qui m'avait laissée tomber d'un jour à l'autre. » Quand cet homme la quitte, elle revit le sentiment d'abandon dont elle avait déjà souffert. Elle s'aperçoit que cet homme ne pouvait la guérir de ce dont elle-même n'était pas guérie.

Une autre choisit un homme qui la séduit par sa liberté d'agir et son autonomie ; liberté et autonomie qu'elle n'a pas. Mais ce n'est pas la vie qu'il lui faut. La séparation annihile tous ses espoirs de voir ses souffrances soulagées. Souffrances dont elle avait cru, à tort, pouvoir s'éloigner en quittant le milieu familial. Il lui faut retrouver, en plus des douleurs consécutives à la séparation, celles de son enfance qu'elle aurait voulu oublier.

On s'aperçoit que ce que l'on croyait vouloir n'est pas ce que l'on veut. On était dans l'illusion de ce que l'autre pouvait apporter. « Je voulais trouver un enracinement, moi qui me sentais exclue de la société. Finalement, je me sens mieux avec ceux qui ne se sentent d'aucun lieu. » « Je voulais un homme qui s'occupe de tout ; je me croyais incapable de me prendre en charge. Ce n'était pas vrai. Maintenant, j'étouffe. » Dans l'illusion que l'autre viendrait combler un manque, on cherchait quelque chose dont on croyait avoir besoin. On a souffert pour une chimère.

Il faut se méfier des choix qui ne sont pas en adéquation avec ce que l'on est, mais en réaction à ce que l'on ne veut plus être. De même, il faut se libérer de ce que les autres ont désiré pour nous et que nous avons eu l'illusion de désirer pour nous-mêmes. Certains ont construit leur vie en épousant celui ou celle qui plairait sans aucun doute à leurs parents. Malheureux, ils subissent les conséquences de leur choix.

Et ils constatent, de surcroît, qu'ils n'ont pas éveillé plus de reconnaissance et d'admiration au regard de leur parents que d'autres frères ou sœurs qui se sont orientés vers une vie plus *marginale.* Ils ne se sont pas eux-mêmes autorisés à avoir une vie en marge des règles et des lois familiales. Maintenant, ils se sentent floués.

Ils ont joué au bon élève, ont répondu « présent » aux demandes qui leur étaient faites. Ils ont agi *tout comme il faut* et s'aperçoivent que ceux qui *posaient des problèmes* attiraient davantage l'intérêt, voire l'affection de leurs parents. Aimer, respecter ses parents, ce n'est pas faire pour eux ce que nous ne voulons pas faire pour nous. S'ils nous aiment, ils aimeront nous voir heureux comme nous avons envie de l'être.

Il faut apprendre à faire le deuil de leur possible déception. Et leur apprendre à nous aimer autrement que dans l'image qu'ils se sont faite de nous, laquelle ne nous correspond pas, ou ne nous correspond plus. Nous devons prendre le risque qu'ils ne nous reconnaissent plus tels que nous sommes devenus. Ils ne peuvent tout comprendre de nos motivations ; comme nous n'avons pas tout compris des leurs. Leur histoire ne doit plus être la nôtre.

Faire le deuil, c'est faire la paix avec son passé. Avec ses parents, pour faire la paix avec soi. Avec soi, pour faire la paix avec les autres. « On peut tout comprendre. Mais peut-on pardonner ? » disent ceux qui ont trop souffert pour pouvoir pardonner : ce serait donner raison à des comportements qu'ils condamnent avec violence. Une violence qui les empêche eux-mêmes de vivre. Il faut pardonner, dans la mesure où ce pardon permet de vivre. Ce qui importe avant tout est de vivre : de se donner la liberté de vivre.

Et on ne peut vivre sans comprendre le pourquoi de nos souffrances passées. Comprendre ce que les parents ont vécu, en les considérant comme des êtres humains, avec leurs forces et leurs faiblesses. On souffre à cause de parents imparfaits qui ont eux-mêmes subi des parents imparfaits. Ils ont fait ce qu'ils ont pu, ont agi comme ils ont jugé bon de le faire. On se réfère trop souvent à l'image d'une famille *normale*. On souffre d'autant plus des accidents de la vie que l'on est convaincu que les autres en ont été épargnés. Le deuil, les deuils sont d'autant plus douloureux que l'on croit les autres heureux.

Dans les autres familles, on a *toujours* ses parents, on n'a pas perdu un enfant. Dans les autres familles, les parents ne divorcent pas, on s'entend bien avec ses frères et sœurs. Les enfants ont de bons résultats scolaires, la crise d'adolescence n'est que passagère. Dans les autres familles, la maison est vivante, la table joyeuse. Chacun s'illusionne sur le bonheur des autres.

On oublie que chaque famille a son histoire, ses drames et ses conflits. Sa construction, si complexe et si fragile, est toujours menacée de déséquilibre. Les parents les plus aimants, présents, attentifs et dotés des meilleures intentions, apportent leur lot de douleurs à dépasser, à comprendre, à pardonner. Chacun doit faire avec son histoire, mais sans se rendre malade du malheur des siens.

Une femme comprenait que son corps saignait et criait, par des symptômes répétitifs, son épuisement à prendre en charge les souffrances de ses parents. Elle s'était soudain dit à elle-même : « Il faut que je me sauve. » Elle savait qu'elle ne pouvait continuer à sauver ses parents, son entourage, le monde entier si elle l'avait pu, de leurs douleurs de vivre ; le moment était venu de *sauver sa peau.* C'est de cette part de souffrance qui est la leur et qui est devenue la nôtre que nous devons *nous sauver*, afin de nous en séparer, pour toujours.

La paix se situe là : non dans la volonté de tout comprendre et pardonner, de croire nos parents parfaits ou de penser l'avoir été avec eux. Mais dans la prise de conscience d'une *pathologie* dont nous avons pensé qu'elle était la nôtre, et qui ne l'est pas ; ce sont les autres qui pensaient ainsi. « Ce n'est pas moi qui suis malade, ce sont eux », disait un homme qui se révoltait contre l'image qui lui était renvoyée : une image dans laquelle il ne se reconnaissait plus. Nous devons refuser, sans culpabilité, cette maladie de l'âme qui nous a été transmise. Il est un temps où il importe de dire « non » à la pathologie familiale.

On a le droit de dire « non » là où on ne s'est pas autorisé à le dire quand on était enfant. Le droit de ne pas répéter ce que l'on a mal vécu dans son passé, de mettre fin à une histoire qui ne nous correspond pas, qui ne nous correspond plus. Avec les parents, nous n'avions pas le choix : comment faire autrement que d'accepter ce qu'ils sont puisqu'ils sont nos parents, pour toujours. Le monde de notre enfance, nous ne pouvions faire autrement que de nous y adapter.

Mais nous n'avons pas à nous sentir en dette d'une histoire qui n'est pas la nôtre : nous ne sommes pas responsables de nos tragédies familiales. C'est à nous, maintenant, de construire notre histoire. Nous sommes seuls juges de la direction que nous voulons lui donner. Quand nous pardonnons à nos parents, aux autres d'être ce qu'ils sont, nous pouvons nous pardonner d'être ce que nous sommes. On cesse de penser face à un échec relationnel : « C'est de ma faute. » Et on ne permet plus aux autres de nous faire porter la faute.

Ceux qui font mal se délivrent d'un mal qui les ronge : ils le déposent dans le cœur de ceux qui sont disposés à les aimer. Si nous sommes dans une demande d'amour, nous prenons à notre compte l'agressivité dont nous sommes l'objet. Or un comportement défensif traduit un mal-être ; sinon ce comportement n'aurait pas lieu d'être. Une fois que l'on a pris la distance nécessaire pour ne plus se sentir concernés par la pathologie des autres, on est beaucoup moins vulnérable à leurs humeurs. On est moins fragile face à ce qui est leur propre fragilité.

Tous les parents sont porteurs de vie et de mort : en nous donnant la vie, ils nous empêchent de vivre. Ils nous transmettent ce qu'ils ont eux-mêmes reçu ; et moins ils en ont conscience, plus nous portons, sans le savoir, leurs douleurs qui sont devenues les nôtres. Ils nous atteignent au sein de la relation que nous entretenons avec eux et, par ses conséquences, sur notre vie d'adulte. Mais ils ne sont pas coupables de ce qu'ils nous font vivre. On peut leur pardonner de nous avoir blessés, tout en reconnaissant l'avoir été. L'essentiel est que nous refusions de l'être à nouveau.

Attachés à construire notre bonheur, nous nous détachons de ce qui a fait notre malheur. Nous cessons de croire que les parents nous rendent malheureux, pour toujours. En trouvant notre voie, nous avons la preuve qu'ils n'avaient pas le pouvoir de nous détruire. Tant d'enfants, devenus adultes, se refusent à accepter le comportement de leurs parents. Ils s'enferment dans une rage qui les empêche d'avancer. Une rage qui est devenue leur raison d'exister.

Cette condamnation et cette violence les maintiennent attachés au passé par un lien très puissant : celui qui sous-tend toute relation dominant-dominé. Un lien dont la dépendance est réciproque. La victime ne peut se détacher de celui ou celle dont elle attend réparation ; le bourreau, tant que la victime est présente, en ce sens consentante, s'attache à qui lui permet de réparer des injustices qu'il a lui-même vécues dans son enfance. Dans un présent conflictuel, chacun résout des conflits du passé.

Tant que l'on considère les parents responsables de son malheur, on ne rencontre que des partenaires qui nous rendent malheureux. Et l'on continue à attendre d'eux qu'ils puissent nous rendre heureux, même si nous avons l'intuition qu'il n'y a rien à attendre. « Je sais bien comment elle est ; elle ne changera jamais. » Celui qui s'exprime ne désespère pas de voir l'autre se conformer à l'objet fantasmatique de ses rêves. On peut savoir les deuils qu'il nous faut faire et être incapables d'agir en conséquence.

Entre le savoir et l'accepter, le temps peut être infini. Toute une vie n'y suffirait pas si nous n'étions confrontés à des séparations et des deuils. De ceux qui ne sont plus, « nous ne gardons que le bon », disait une fille après la mort de son père : les bons moments, les qualités tant appréciées, un amour délivré des sources de conflit qui semblent, maintenant, dérisoires. Et de ceux dont nous sommes séparés, l'éloignement et le temps nous font voir l'histoire passée sous un autre jour. Nous sommes plus lucides : un amour, une amitié qui n'a pas duré, valaient-ils la peine d'être poursuivis ? Si nous ne regrettons plus rien de ce que nous avons vécu, nous sommes en paix avec nous-mêmes.

Avant cela, nous avons notre chemin de souffrance, nos épreuves à dépasser. Celles que le destin nous contraint à vivre et celles, nous n'en avons conscience que plus tard, que nous nous imposons à nous-mêmes. Le jour où cette souffrance, fabriquée de nos propres mains, nous atteint au point de ne plus pouvoir avancer, nous décidons de tout faire pour y mettre fin. Nous ne pouvons plus vivre avec nous tels que nous sommes.

Nous avons tout perdu ; nous n'avons plus rien à perdre. Nous n'avons d'autre choix, après être tombés si bas, que d'entreprendre les premiers pas vers une transformation de nous-mêmes. Acceptons de pleurer : pleurer des parents absents, des parents qui nous ont délaissés, rejetés, parfois maltraités. On ne doit pas craindre de dire une tristesse si légitime face à une séparation, une rupture, l'échec d'une relation. Il ne faut pas retenir ses larmes.

Si on ne parle pas de ce qui va mal, on ne peut évoquer ce qui va bien. Si le malheur n'est pas exprimé, le bonheur n'a pas de place pour être dit et vécu. Les douleurs doivent sortir des profondeurs où elles sont enfouies et se rendre visibles, même au risque de faire mal, afin de disparaître ensuite. Ce n'est qu'après des mois et des mois de larmes, larmes de l'enfant inconsolable que nous portons en nous, que chacun peut apprendre à se retrouver. Ou à se trouver : certains se sont tant éloignés d'eux-mêmes qu'ils ignorent s'être perdus.

« Je me demande si un jour cela a été. » Dans les situations de crise, on accepte de dire « Ça ne va pas » et on prend conscience de ce qui, depuis si longtemps, *n'allait pas*. En *profitant* de ces bouleversements qui surgissent dans une vie, de ces drames dont on pense ne jamais pouvoir se relever, on apprend à vivre. Les accidents de la vie accélèrent un mouvement que nous n'aurions pu initier autrement. Nous nous endormions dans l'idée d'une vie qui n'en était pas une ou nous rêvions d'une vie qui n'était pas la nôtre. Le deuil nous oblige à être autres. Et parce que nous sommes autres, à avoir une autre vie.

Un deuil provoque d'autres deuils. Nous ne sommes plus les mêmes. Nous pouvions trouver un confort là où nous n'étions pas heureux. Nous subissions sans mot dire des comportements, des réflexions qui n'ont désormais plus leur place : ils sont *déplacés*. Nous ne les acceptons plus. Et dans l'état de fragilité dans lequel nous sommes, l'autre nous atteint plus qu'à l'accoutumée. Il devient plus difficile encore de supporter ce que nous avions du mal à supporter auparavant. Contraints de nous séparer de ceux que nous aimions, nous décidons de nous séparer de ceux que nous ne pouvons plus aimer.

Les deuils changent une vie. Ils font mourir ce qui nous faisait mourir à nous-mêmes. Ils nous aident à nous détacher d'une histoire passée afin de nous offrir une vie nouvelle : une vie à soi, pour notre bien, mais aussi le bien de ceux qui nous entourent. Ils constituent le premier pas, douloureux mais nécessaire, sur le chemin — sur les chemins car chacun a le sien — de la renaissance.

Dans la religion juive, un rite consiste à manger un œuf dur après un enterrement. L'œuf symbolise le caractère cyclique de la vie avec ses hauts et ses bas, et celui de nos vies et de nos morts.

« Je vis de cette croyance en la présence des êtres qui se sont aimés. C'est quelque chose qui est sans temps et sans espace et qui est dans un actuel éternel. Alors pourquoi est-ce que je ne rencontrerai pas cet actuel éternel de l'autre côté de cet amas d'atomes qui vibrent ensemble comme les poussières dans le rayon de lumière et qu'on appelle un être humain ? » dit Françoise Dolto.

Existe-t-il quelque chose après la mort ? Je ne peux croire que cette extraordinaire machine humaine, si riche et si complexe, que nous travaillons jour après jour à rendre plus précise dans son fonctionnement, plus juste dans la compréhension que nous en avons, plus libre dans les actes qui en découlent soit tributaire, totalement tributaire de notre corps. Une maladie, un accident peuvent nous faire disparaître en un clin d'œil. Et tout disparaîtrait ainsi pour toujours ? Non, notre corps n'est qu'un vêtement de chair, une incarnation. Une fois mort, il n'est plus rien. Un vieux manteau hors d'usage. De la poussière.

Mais tout ce que nous sommes, cette multitude d'expériences, de connaissances, de souffrances et de joies crée une continuité de la vie qui se prolonge hors du monde visible. Pour les médiums, cette existence n'appartient pas au monde de l'invisible : ils *voient*, ils poursuivent le *dialogue*. Il ne leur est pas nécessaire que l'autre soit là, *en chair et en os*, pour qu'ils puissent poursuivre la communication.

Si nous considérons qu'il n'y a rien, pourquoi se battre ? Si au bout du chemin, il n'y a que le néant, comment donner du sens à nos actes ? Et pourquoi nous accorder tant d'importance si nous sommes amenés tôt ou tard à disparaître totalement ? Car c'est s'accorder beaucoup d'importance que de ne pas s'aimer, de souffrir de n'être pas parfaits, de vouloir tout, tout de suite en se refusant paradoxalement tout accès au plaisir.

Nous sommes là de passage : prenons ce qu'il y a à prendre, ne nous imposons pas la fatigue inutile d'avoir à être parfaits. « Que la mort me trouve plantant mes choux, mais nonchalant d'elle, et encore plus de mon jardin imparfait », dit Montaigne. Ne serait-il pas contradictoire d'exiger de nous sans cesse davantage sans croire à une forme de permanence ? De s'enfermer dans le devoir, l'abnégation, la contrainte, le « il faut que », suivi d'une suite d'obligations qui ne sont pas la vie, mais une suite d'actes dont l'enchaînement est d'autant plus rapide qu'il permet de fuir la vie.

La vie dans son ensemble ne prend jamais la vie au sérieux. Elle rit, danse et joue, bâtit des maisons, accumule des richesses et aime, à la barbe de la mort. C'est uniquement lorsque nous considérons en lui-même un décès isolé que nous sommes confrontés implacablement au vide et que nous sommes saisis d'effroi. Nous perdons de vue l'ensemble de la vie dont la mort n'est qu'une partie. [...] Mais en vérité, la mort n'est pas l'ultime réalité. Elle paraît noire, de même que l'éther paraît bleu, mais elle ne noircit pas davantage notre existence que l'éther ne déteint sur l'oiseau qui le traverse.

TAGORE, « Sadhana »

Deuxième partie

LES CHEMINS DE LA RENAISSANCE

Vivre, c'est naître sans cesse.
Marcel JOUHANDEAU,
« Réflexions sur la vieillesse
et la mort »

Renaissance : régénération de l'âme, de l'être humain.

Régénération : reconstitution naturelle d'une partie vivante qui a été détruite. Renaissance de ce qui était corrompu, altéré, affaibli.

Régénérer : remettre dans son état premier.
Le Petit Robert

Le travail que nous devons effectuer dans notre chemin de vie consiste à réparer ce qui a été corrompu, altéré, affaibli, afin de nous remettre dans notre état premier. Il faut reconstituer la partie vivante de nous-mêmes qui a été détruite.

Quelle est-elle et quels sont les facteurs à l'origine de cette destruction ? Qu'aurions-nous perdu en route qu'il nous faut retrouver ? Comment redonner vie à cette part de nous que nous avons laissée mourir et qui ne demande qu'à vivre ? Que s'est-il passé pour que nous en arrivions là ?

« J'ai l'impression de renaître » : cela laisse entendre que notre vie, celle d'avant, n'est pas vraiment notre vie. Une part de nous est restée en veilleuse, comme endormie. Une part de notre vie, dans le sens de ce à quoi nous devons donner vie, a été étouffée, niée et ce, bien souvent, de notre propre fait. Une part de nous qui ne demande qu'à s'épanouir et à vivre, enfin.

Certains gardent longtemps, au fond de leur cœur, des désirs inassouvis : une passion, un don, un talent qu'ils ont laissés de côté. Ils ont la sensation, en conséquence, d'être passés à côté de leurs vies. Pris d'une grande nostalgie, ils disent : « J'ai perdu ma jeunesse », ou, de façon plus radicale, « J'ai raté ma vie. » Il nous faut, pour chacun de nous, éviter d'en arriver là.

1

À chacun son destin

Ces mots : ma vie

« Dites ces mots : ma vie, et retenez vos larmes » : ma mère aimait ce vers d'Aragon. Elle avait une prédilection pour les destins tragiques. Quand elle racontait une histoire, elle avait l'art d'émouvoir. C'était toujours une histoire triste. Triste comme l'était certainement sa vie, à ses propres yeux. Comme elle peut l'être pour tous ceux qui ont la sensation de ne pas accomplir leur destinée.

Sa passion à elle, c'était le chant. Jeune, elle avait une voix de rossignol. Un grand professeur le lui avait dit ; un autre le lui avait confirmé. Mais elle n'a pu chanter comme elle l'aurait souhaité. Chanter sa vie, je pourrais dire. Elle a enfermé sa voix dans les interdits successifs qui se sont opposés à cette passion. Et la douleur est grande de ne pas se sentir accompagné dans son désir le plus cher.

Une anecdote qu'elle m'a racontée lui faisait encore venir les larmes aux yeux, alors que tant d'années avaient passé. Sa mère, après l'avoir empêchée de se rendre à un cours de chant, sous prétexte qu'elle n'avait pas l'argent nécessaire, l'emmena dîner, le soir même, dans un grand restaurant. Comment ne pas éprouver, dans ces conditions, un profond sentiment d'incompréhension ? Qui ne se sentirait nié par un tel comportement de la part de ses parents ?

Ma mère a rentré sa douleur dans une révolte muette. Elle a souffert en silence. Mais son silence, je l'ai entendu, si je puis dire. J'ai perçu toute la violence qui y était contenue. J'ai souffert pour elle, avec elle. Sans même qu'elle le sache, ni que je le sache moi-même, si ce n'est bien des années plus tard. On ne sait rien, enfant, de cette souffrance que l'on porte en soi. D'autant que j'ai le souvenir d'une enfance libre et joyeuse.

Une chose est certaine : j'ai ressenti très tôt le besoin de me révolter contre la vision qu'elle me donnait de la vie, de sa vie. Vision qu'elle me transmettait du dehors en bonne conteuse, mais aussi du dedans, parce qu'elle était ma mère, et qu'une mère vous fait vivre ce qu'elle vit.

Le paradoxe, c'est que ma mère riait tout le temps. Le souvenir que j'ai d'elle, c'est son rire et son merveilleux sourire. Ainsi elle m'a aidée à lutter contre sa propre angoisse. Quelle qu'ait pu être sa douleur de vivre, elle travaillait sans cesse au bonheur des autres. Profondément généreuse, tout ce qu'elle n'avait pu faire, elle le réalisait à travers nous, ceux qu'elle aimait. Elle m'a donné la force de me battre avec toute la passion qui était la sienne. Les relations qu'elle entretenait avec le monde, avec tout ce qui était pour elle objet d'amour, étaient passionnelles ou n'étaient pas.

Elle a écrit — c'était un projet d'article — au sujet de Maria Callas qu'elle aimait tant : « Callas, mieux que personne, connaissait les règles du jeu, les règles profondes de ce jeu intense, ce jeu avec la mort qui provoque l'électrisation du public. Callas était portée aux nues ou sifflée ; c'était tout ou rien. De la part du public, c'était une attente de vie ou de mort, c'est-à-dire une relation passionnelle. Le public n'était jamais sûr d'elle ni elle de lui ; elle-même n'était jamais sûre d'elle non plus, d'où le besoin permanent de se dépasser, d'aller jusqu'au bout d'elle-même. »

Aller jusqu'au bout de soi était une notion essentielle pour ma mère, aussi bien en ce qui la concernait qu'en ce qui concernait ceux qu'elle aimait. Elle était toute intensité. Ayant, comme on dit, un tempérament d'artiste, elle savait ce qu'était le don de l'artiste : cette capacité de tout donner, de se donner corps et âme, pour pouvoir être entendu. Et cela sans jamais savoir si, en réponse à cet immense travail qu'il accomplit sur lui-même, il sera rejeté, compris ou adulé. Une autre phrase que ma mère aimait : « Du sublime au ridicule, il n'y a qu'un pas. »

Cette règle du jeu, cette loi du tout ou rien, c'est le destin de tout artiste. Mais c'est aussi, déjà, ce que ressent tout enfant qui ne sait ce qu'il faut faire pour être aimé : un enfant qui n'a rien compris aux réactions de ses parents. Ces derniers n'ont pas apporté des réponses claires à des questions précises. Comment, dans ces conditions, ne serait-il pas dans l'incertitude quant au bien-fondé de ses actes ? Il faut avoir confiance en soi pour s'adonner au métier d'artiste. Ceux qui sont habités par un trop grand sentiment d'insécurité ont beaucoup de difficultés à créer.

Cette confiance est particulièrement nécessaire dans toute approche où le désir de réussir est au moins équivalent à la peur de ne jamais réussir. C'est pourquoi, cette confiance, nous ne pouvons l'obtenir qu'avec l'aide de qui sait être là, au moment où nous en avons besoin, et qui se montre capable de nous encourager dans la voie que nous nous sommes choisie. Il suffit parfois d'une personne, d'une seule, qu'elle appartienne ou non à l'entourage familial, pour nous donner la force de nous dépasser.

Mais encore faut-il être capable de saisir cette main quand elle nous est tendue. Certains sont si peu convaincus de leurs propres capacités qu'ils refusent l'aide qu'on peut leur apporter. Ils ont trop souffert du comportement d'une mère, ou d'un père, qui n'ont cessé de les dévaloriser pour croire, un tant soit peu, à leurs propres compétences. Ils ne peuvent penser que l'on puisse leur accorder quelque intérêt. Il faut déjà faire confiance à l'autre pour qu'il puisse vous permettre d'avoir confiance en vous.

Ma mère n'avait pas confiance en elle et elle a manqué d'un encouragement à exercer ce qui lui tenait le plus à cœur. Picasso a dit l'importance de cet encouragement : « On me demande si je conseillerais à mes enfants d'être artistes. Ma réponse est non. Et puis s'ils s'obstinaient, cela me ferait plaisir et je leur souhaiterais bon vent. L'essentiel est de ne pas se laisser décourager. Si c'est le cas, on se retrouve seul à croire qu'on est né pour être artiste, et c'est dramatique. » Il est, en effet, très douloureux d'être seul à croire qu'on peut accomplir ce que l'on sait devoir accomplir.

Un enfant ne peut dépasser, seul, les barrières qui s'opposent à son désir de s'engager dans une carrière, surtout si celle-ci fait partie des métiers que l'on nomme « à risque ». Ce sont des métiers où il y a « beaucoup d'appelés et peu d'élus ». On dit d'ailleurs à l'enfant : « Ce n'est pas un métier. » Et l'on ajoute : « Si tu veux, fais-le, mais fais un vrai métier à côté. » Un vrai métier est un métier qui permet de gagner sa vie.

Il est, à juste titre, du devoir des parents de ne pas laisser l'enfant s'aventurer dans l'illusion d'une carrière artistique. D'autant que la création est pour beaucoup l'image la plus valorisante de ce que peut être une vie. Mais certains enfants sont véritablement habités par une passion et ont à l'évidence un don dans un domaine artistique. Passion et don qui sont des conditions nécessaires, mais pas suffisantes, pour réussir une carrière artistique.

Des jeunes filles n'ont pu danser, chanter, faire du théâtre comme elles l'auraient souhaité. Leurs parents s'y sont opposés. Dans les cas que j'ai pu rencontrer, il ne s'agit pas d'un refus catégorique. Mais, sur un plan pratique, elles n'ont pas eu les moyens dont elles avaient besoin pour mettre à profit leurs dons artistiques. Entrer, par exemple, dans l'école des Petits rats de l'Opéra, dans une école de chant, de musique ou de théâtre à la hauteur de leurs compétences. Or, il est impossible de progresser, si ce n'est avec les professeurs les mieux appropriés à ses capacités.

Les raisons invoquées concernent le bien de l'enfant ; on l'oriente vers une carrière moins risquée. D'autre part, les parents n'ont pas toujours les moyens financiers et la disponibilité adéquate. « C'est trop cher, trop loin, trop compliqué. » Et puis certaines familles n'aident pas leurs enfants à sortir d'une certaine condition ; cela ne se fait pas d'avoir trop d'ambition : « Ma fille, il faut savoir rester à sa place. » Sans parler de l'éducation plus spécifique des filles qui ne leur permettait pas de croire qu'elles avaient un destin à accomplir. Mais cela, heureusement, a bien changé.

D'autres raisons renvoient à des images ancestrales. Les parents n'en sont pas toujours conscients, mais elles ont leur importance. Monter sur les planches, c'est se donner en spectacle, encore plus pour une danseuse qui doit exhiber son corps. Une petite fille, dans l'innocence de ses sept ans, avait répondu à une personne qui lui avait demandé pourquoi elle avait arrêté la danse : « Mon père ne veut pas que je lève la jambe. » Un enfant peut, sans le savoir, comprendre bien des choses.

Une autre petite fille avait l'habitude, à la demande de son père, de danser pour lui et ses invités. Mais ce dernier ne voulait pas qu'elle en fasse son métier ; elle ne devait danser que pour lui. Elle n'était pas sans se rendre compte du charme qu'elle pouvait exercer sur son père, et jouait de ce trouble qu'elle provoquait en lui tout en s'en défendant. Mais elle savait qu'elle touchait ainsi les limites de l'interdit. La danse était désormais une forme de transgression. Et tout désir associé à une transgression reste ambivalent : on veut, et en même temps on ne veut pas.

L'exemple en est donné par cette anecdote : un jour que son père venait lui rendre visite après une longue absence, et alors qu'elle était déjà adulte, elle s'était fait une entorse très sérieuse qui l'avait empêchée de danser pendant plusieurs semaines. Elle voulait danser pour son père, mais une autre force l'en avait empêchée. On peut se battre toute sa vie contre les autres, mais aussi contre nous-mêmes à cause de nos pulsions contradictoires.

Les métiers qui nécessitent une forte compétence dans un domaine bien particulier demandent un perpétuel dépassement de soi. Ils exigent de ceux qui s'y consacrent un effort permanent : la lutte contre leurs propres doutes et contre l'interdit qu'ils portent en eux de réussir dans le domaine qu'ils ont choisi. La moindre faille, le moindre relâchement et, quels que soient les efforts accomplis, ces derniers ne mènent à rien.

Tant de jeunes filles, comme cette danseuse, après avoir fait les études que l'on souhaitait pour elles et acquis une certaine autonomie, se sont autorisées à danser, chanter, peindre comme elles le désiraient. Mais l'interdiction exprimée dans leur enfance ne leur a jamais tout à fait permis de faire la carrière qu'elles auraient souhaitée. Il est des interdits si fortement ancrés en soi qu'ils vous poursuivent toute votre vie.

Ma mère n'a jamais cessé de chanter, mais n'en a jamais fait son métier. Ce n'est que relativement tard qu'elle s'est permis de donner des leçons de chant et d'utiliser, pour gagner sa vie, ce qui avait été la passion de toute une vie. En attendant, elle a mené sa vie de femme et de mère, volant du temps, dès qu'elle le pouvait, pour s'adonner à « sa » musique : elle jouait du piano, prenait des cours de chant, allait à des concerts, à l'opéra, écoutait de la musique et lisait, beaucoup.

Son drame n'était pas tant d'avoir l'existence qui était la sienne que de ne pas avoir celle dont elle rêvait. La douleur de ne pas avoir une autre vie lui a fait regretter celle qu'elle avait ; ne serait-ce que parce qu'elle la comparait sans cesse à la vie qu'elle n'avait pas. Elle vivait avec la nostalgie d'une vie qui aurait pu être la sienne. Aurait-elle, au contraire, fait le choix de sa vie qu'elle aurait été beaucoup plus heureuse. Ma mère ne souffrait pas tant de ce qu'elle vivait que de ce qu'elle ne vivait pas.

Elle avait la sensation d'être enfermée dans un monde qui ne correspondait pas à l'idée qu'elle s'en était faite. Et elle avait une vision si pure et si absolue de ce que devait être toute création que celle des autres étaient rarement à la hauteur de ce qu'elle en attendait. Un spectacle, un film, un article, une émission la laissaient souvent insatisfaite : « L'idée est bonne, mais ils auraient pu en faire quelque chose de tellement mieux », disait-elle. Tant de choses auraient pu être tellement mieux.

J'ai toujours refusé ce regard nostalgique sur le passé, critique sur le présent. Je ne voulais pas voir mes élans et mon enthousiasme arrêtés, mon plaisir détruit, par des remarques permanentes sur ce qui n'allait pas. Avec la même violence qui lui faisait considérer sa vie comme gâchée, je voulais l'empêcher de gâcher la mienne. C'est pourquoi, tout en m'étant sentie toujours très proche d'elle, j'éprouvais le besoin de mettre une distance, si ce n'est avec elle, du moins avec son regard sur sa vie, sur la vie.

Je me sentais trop concernée par ses propos pour ne pas défendre ce qui me plaisait, défendre mon plaisir menacé. Inlassablement, je lui répondais : « Cela m'a plu. Le travail qui a été fait est admirable et m'a apporté du plaisir. C'est déjà très bien. Pourquoi vouloir plus et, surtout, vouloir ce qui n'est pas. » Discussion que nous avons eu maintes et maintes fois. Et qui, avec le temps, a fini par nous faire rire.

Ma mère avait le sens de l'humour. Elle était capable de se moquer d'elle-même, et son art de la dérision nous rapprochait quand nous aurions pu nous éloigner. Elle connaissait mes réactions comme je connaissais les siennes. Ces petites phrases si coutumières, ces phrases qui font mal, de part et d'autre, et que l'on retrouve dans les vieux couples — une mère et une fille ne forment-elles pas un vieux couple ? —, nous finissions par en sourire. Nous transformions ce qui était source possible de douleur en complicité.

La douleur entre une mère et une fille naît du refus par la fille de ce que la mère s'est refusée à vivre. Une mère angoissée pour un rien et à qui tout fait peur, qui ne croit en aucune réussite et a renoncé depuis longtemps à se battre pour défendre son territoire, provoque chez la fille le désir de fuir. Désir de fuir proportionnel à son propre désir de réussir sa vie. La mère souffre à son tour de ce rejet qu'elle ressent comme une profonde injustice.

C'est pourquoi le dialogue et l'humour peuvent sauver bien des relations. Ma mère m'avait laissé, un jour, un petit mot accompagnant un cadeau et que j'ai retrouvé bien plus tard, avec beaucoup d'émotion : « Pour me faire pardonner les crimes subtils que j'aurais pu commettre dans ta petite enfance et qui auraient laissé des traces indélébiles que seule une analyse poussée pourra effacer. Love. J. » Sa profonde tendresse, sa disponibilité, sa jeunesse, son caractère ludique ne m'auront pas évité une analyse poussée, mais nous ont permis, à toutes deux, d'avoir une relation vraie.

Elle m'a toujours accompagnée de son soutien et de ses encouragements à mieux faire. À faire mieux qu'elle, c'est-à-dire à ne pas répéter les mêmes erreurs : être plus autonome et réaliser ce que j'avais à réaliser. Mais aussi à faire mieux que ce que je faisais : à me perfectionner sans cesse. Son exigence était à la mesure de tout ce qu'elle n'avait pas pu faire : de tout ce que je devais, par conséquent, réussir pour moi, mais aussi pour elle. L'exigence des autres vous porte mais, à porter leurs attentes, on est chargé d'une lourde responsabilité.

Ce ne fut pas toujours facile. Ce qui veut être un encouragement à bien faire peut finir par avoir l'effet contraire. Ma mère voulait tellement bien faire qu'elle n'osait plus rien faire. Tout en me faisant porter son exigence, elle me transmettait ses doutes et son inhibition. Inhibition telle qu'une orientatrice professionnelle m'avait dit : « Je ne sais pas si vous aurez votre bac. De toutes les façons, vous n'êtes pas faite pour de longues études. Médecine, il n'en est pas question, vous n'avez pas l'esprit assez scientifique. » Heureusement, je ne me suis pas laissé décourager. J'ai eu mon bac et fait de longues études.

Pas à pas, j'ai dépassé mes propres doutes. Le besoin de réussir ce que j'entreprenais m'a donné la force d'avancer, de lutter contre les obstacles qui se présentaient. Mais je n'ai pas eu à lutter contre le désir de mes parents. Ils étaient là, présents et aimants. Ils m'ont communiqué cette évidence que je devais travailler, être autonome, *gagner ma vie*. Je n'avais, en aucune façon, à être dépendante de qui que ce soit pour *vivre*.

Le choix d'être aimé

Ma mère, elle, a choisi d'être aimée, avant toute chose. C'est-à-dire qu'elle s'est soumise à ce qu'il lui fallait faire, ou ce qu'elle pensait devoir faire, pour être aimée. Elle avait perdu son père à l'âge de neuf ans et regrettait son soutien. Sa mère, qui avait une forte personnalité, n'écoutait que ce qu'elle-même pensait et décidait. Très autoritaire, elle n'a pas pris la mesure des besoins et désirs qu'exprimaient ses enfants. Comme tout enfant devant une mère qui ne l'entend pas, ma mère n'avait pas été rassurée quant à l'amour qu'on lui portait.

Certainement aurait-elle souhaité consacrer sa vie à la musique et être aimée. Mais les deux étaient-ils conciliables ? Aurait-elle pu imposer un mode de vie étranger à celui qui lui avait été dicté par son éducation et celui que mon père, à sa façon, semblait lui imposer ? Où prendre cette force dont elle avait tant besoin, ailleurs que dans ce qui était pour elle la certitude d'être aimée ? Et comment avoir la certitude d'être aimée si l'on va à l'encontre du désir des autres pour vous ?

Toutes celles qui partagent leur vie avec un homme qu'elles aiment et qui les aiment peuvent craindre, à juste titre ou non, qu'une forme d'indépendance les entraîne à perdre cette relation à laquelle elles sont très attachées. Ne leur est-il pas alors plus facile de perdre une liberté dont elle ne sont même pas certaines de faire bon usage ? Il est bien beau de rêver d'une vie libre et autonome ; mais sans y avoir été en aucune façon préparée, ne serait-ce qu'à titre d'exemple, il n'est pas toujours facile de s'aventurer dans un monde parfaitement inconnu.

Tant de femmes ont certainement eu à faire le même choix que celui de ma mère : sacrifier une vie plus créative et autonome au confort et à la sécurité d'une vie de couple, *a fortiori* une vie familiale. Sacrifice qui n'en était peut-être pas un ; c'est ainsi qu'elles pouvaient, et qu'elles ont pu, trouver leur bonheur. Cependant, elles ont pu le vivre comme un sacrifice quand elles se sont mises à penser à une autre vie qui aurait pu être la leur. Mais étaient-elles faites pour cette autre vie ? C'est une autre histoire.

Ma mère était-elle prête à subir les conséquences d'une vie consacrée à la création ? N'était-elle pas déjà suffisamment en proie au doute pour supporter celui, incessant, qui envahit l'âme et la vie de tout créateur ? Même courageuse, artiste et perfectionniste, même avec les dons qui étaient les siens, ses rêves n'appartenaient-ils pas au seul domaine du rêve ? Même au faite de la gloire, aurait-elle pu vivre cette relation passionnelle, dénoncée par elle-même, où l'on prend aussi bien le risque d'être aimé que haï ? Callas était ce double qui avait osé : elle avait pris sur elle la gloire et la tragédie d'un destin hors du commun. Elle en avait subi les infortunes en même temps qu'éprouvé des instants de bonheur extrême.

On peut se demander pourquoi, et comment, certains trouvent la force d'accomplir ce qui leur tient à cœur, alors que d'autres, au moindre obstacle, s'arrêtent en chemin. Ils viennent à bout de ce qu'ils ont entrepris avec une volonté et une persévérance impressionnantes. Cela concerne tous ceux qui, dans leur vie, ont entrepris une œuvre, quelle qu'en soit l'envergure. Comme ceux qui sont entiers dans chacun des actes qu'ils accomplissent.

Où puisent-ils ce désir, envers et contre tout, d'affirmer leur volonté de réussir ? Comment font-ils, malgré toutes les difficultés, pour s'en donner les moyens nécessaires ? Les enfants, on le sait, accomplissent les désirs de leurs parents : désirs exprimés ou non. Et beaucoup réalisent ce que leurs parents n'avaient jamais pu réaliser ; ces derniers leur auraient, en quelque sorte, montré le chemin. « J'ai compris que je peignais parce que ma mère avait toujours voulu peindre. » Tant d'artistes sont enfants d'artistes. Connus ou méconnus, l'essentiel est qu'ils aient pu transmettre leurs passions. On peut trouver une grande force à vouloir accomplir jusqu'au bout ce que des parents n'ont pu accomplir.

Parfois, il faut remonter à d'autres générations pour retrouver cette continuité. Continuité que les parents eux-mêmes relèvent en constatant une similarité de pensée, de goût ou de caractère avec un autre membre de la famille. « Cet enfant est un original, comme son grand-père. » Constat plus ou moins facile à vivre pour l'enfant, selon le parent avec qui il est comparé. « J'étais très heureuse quand on me disait que je ressemblais à ma grand-mère : j'ai toujours eu beaucoup d'admiration pour elle. » Ou, au contraire : « Je ne supportais pas que l'on me compare sans cesse à mon oncle qui, selon moi, avait raté sa vie. » Les comparaisons peuvent avoir un impact décisif sur le devenir d'un enfant, dans le sens d'une libération ou d'une influence plus ou moins consciente.

D'autres ne voient guère avec qui trouver une quelconque similitude, et cela leur procure un sentiment de solitude. Ils se sentent, dès leur plus jeune âge, différents par leurs intérêts des autres membres de la famille. Différence que les parents expriment à leur façon : « Vraiment, je ne te comprends pas. » Ces enfants ont pu s'entendre dire : « Mais quel enfant stupide ! », ou encore : « Ma pauvre fille, tu es complètement folle ! » et finissent par se dire que leurs parents ont certainement raison. « J'étais convaincu d'être dans le faux et dans le mal, tandis que les autres étaient dans le vrai et le bien. » Il est difficile de penser avoir raison si l'on a tout le monde contre soi, ou si on le ressent comme tel.

Un homme se souvient d'avoir été traité de « raté » et de « minable » par son père. Il en a souffert jusqu'à ce qu'il comprenne que son père se considérait lui-même comme un raté. Le père ne supportait pas de retrouver chez son fils une extrême sensibilité qu'il assimilait à de la faiblesse. Cela l'insupportait d'autant plus qu'il y voyait un trait de caractère qui lui appartenait et qu'il rejetait avec violence. Les parents rejettent l'enfant, car ils rejettent en lui ce qu'ils croient être la mauvaise part d'eux-mêmes.

Cela entraîne chez l'enfant un sentiment d'autodépréciation qui ne peut que s'aggraver si ce dernier ne finit pas par trouver dans son entourage au moins un allié. Ce peut être l'un des parents, un autre membre de la famille ou encore une personne extérieure à la famille qui peut, grâce à un regard plus distancié, dire : « Je reconnais ta différence et je t'aime comme tu es. » Il est essentiel qu'il y ait au moins un regard pour nous voir, et nous accepter, tel que l'on est.

Le besoin de se défendre très tôt contre un environnement hostile peut cependant donner à certains enfants une force considérable. Il leur faut faire des efforts supplémentaires pour comprendre cette différence ou pour qu'ils ressentent comme vitale la recherche de qui pourra enfin les comprendre. Quelle n'est pas leur détermination à sortir de ce sentiment d'exclusion qui s'apparente à une forme de « folie » : la folie de tous ceux qui ne trouvent pas d'écho aux sensations qu'ils éprouvent et se sentent niés dans leur différence. La direction particulière que prend une vie est une réaction face à ce que l'on a subi.

La force de croire en ses capacités s'acquiert bien souvent à travers des générations d'artistes, de créateurs, d'inventeurs qui nous ont précédés. Mais force précaire, car résultante de forces contraires : celles qui permettent à l'enfant de croire en lui et celles qui l'en empêchent. Jusqu'au jour où le désir trouve sa pleine expression et permet à l'enfant, puis à l'adulte, de réunir les conditions nécessaires pour réussir : une profonde détermination à accomplir ce qu'il lui faut accomplir et une discipline de fer. Il obéit alors à une force intérieure qui le dépasse et qui lui permet d'avoir la persévérance nécessaire pour aller au bout de ce qu'il a entrepris. Plotin a dit : « C'est le désir qui engendre la pensée. »

Le sculpteur Henry Moore nomme cela *l'appel*, considérant que la différence entre ceux qui réussissent et ceux qui ne réussissent pas vient de l'intensité de cet appel. Cette intensité permet de dépasser des obstacles que d'autres ne peuvent franchir : il fait prendre le risque de déplaire. Pour donner libre expression à ses dons et passions, il faut accepter qu'une réussite éventuelle puisse transformer les relations déjà existantes dans la famille et son entourage. Il est essentiel de comprendre ce que représente un succès face au regard des autres, des parents en particulier.

Serons-nous davantage aimés ou au contraire rejetés, si nous réussissons dans un domaine où les parents ont échoué ou étaient dans l'incapacité de faire ce qu'ils auraient aimé faire ? « Mon père était paralysé ; il ne pouvait écrire, je me suis interdit d'écrire. » L'interdit est intériorisé. Le père de cet homme n'aurait pas souffert, bien au contraire, de voir son fils en pleine possession de ses moyens faire ce qu'il n'avait pu faire. On se crée des freins par une culpabilité qui n'a souvent pas lieu d'être.

Les parents pourront-ils accepter que nous prenions une place qui est la leur ? Toléreront-ils que nous ne gardions pas celle qui nous était destinée ? Une place qui ne nous met pas en rivalité avec l'un ou l'autre des parents et qui correspond au rôle qu'ils nous ont attribué. Nous avons tous un rôle à jouer, défini dès l'enfance. Et chacun peut craindre, en ne respectant pas la fonction qui lui a été donnée, de perdre l'amour de ses parents.

Nous sommes capables de faire beaucoup pour ceux que nous aimons. Aussi suivons-nous, bien souvent, la route tracée pour nous par leurs désirs. Et ce même quand nous croyons agir dans le sens contraire de ce qu'ils attendent de nous. Nous croyons nous autoriser à agir autrement qu'en répondant à leurs souhaits, mais nous avançons, avec plus ou moins de conviction, sur la voie *interdite*. Nous ne nous donnons pas, réellement, les moyens nécessaires pour obtenir ce que nous désirons. Nous constatons, par la suite, que nous en sommes arrivés là où leurs souhaits nous portaient.

En ce qui me concerne, j'ai eu des rapports ambivalents avec ce qui était le désir de mon père pour moi : être psychiatre. Je suis passée par d'autres voies, me réclamant d'une médecine holistique et trouvant, par conséquent, dans la pratique de l'acupuncture une orientation qui me convenait parfaitement. Quand j'ai commencé ma spécialisation de psychiatrie, mon père disait en souriant — le pensait-il sérieusement ? — que je faisais « de la psychiatrie pour lui faire plaisir et de l'acupuncture pour m'opposer à lui ».

Il m'était impossible, mais je n'en ai eu conscience que plus tard, d'obéir à ce que je savais être son désir pour moi. D'autant qu'il m'a toujours laissée libre de mes choix ; l'autorité qu'il exerçait n'en était que plus forte. Il m'a fallu prendre du temps et acquérir une expérience toute personnelle pour suivre finalement un chemin qui me convenait et, c'est une chance, lui convenait également. Une chose est certaine, je n'ai pas eu à lutter contre lui, contre les valeurs profondes qu'il m'avait enseignées.

Pour ce qui est l'essentiel de ma démarche et de la voie que je me suis choisie, sa présence, son exemple et l'admiration que j'avais pour lui m'ont profondément encouragée. La difficulté étant, face à sa personnalité, de trouver ma place : une place qui n'était pas seulement celle de ses souhaits pour moi et qui, compte tenu de la similitude de nos activités, n'était pas la sienne. Il m'a fallu du temps pour imposer mes désirs et finalement constater, pour mon plus grand bien, qu'il en était satisfait.

Chacun de nous a besoin de temps avant d'oser affirmer ce qu'il est. Ceux qui ont peur d'affirmer leur singularité finissent toujours par souffrir d'être trop peu reconnus pour ce qu'ils sont. Il leur importe tant de ne pas déplaire qu'ils ne plaisent vraiment à personne, et même pas, surtout pas, à eux-mêmes. Ils veulent s'assimiler à la foule, passer inaperçus, être invisibles. Ils croient avoir ainsi la garantie de n'être l'objet d'aucune critique. Ils aimeraient bien pourtant qu'on les voie ; mais à tant donner d'importance au regard de l'autre, personne ne les regarde plus.

Il leur faut arrêter de se dérober dès que l'occasion leur est donnée de montrer ce qu'ils sont capables de faire. « Je sais bien que je ne suis pas capable. À quoi ça sert d'essayer. Je me sentirai encore plus mal après. » Beaucoup raisonnent ainsi. Qu'ils ne se plaignent pas ensuite de ne pas réussir. « Cela ne s'invente pas, la confiance en soi. Quand on ne l'a pas, qu'est-ce qu'on peut faire ? » La confiance en soi s'acquiert tout doucement, par étapes successives ; elle n'est jamais acquise d'emblée.

Beaucoup croient que, pour les autres, c'est toujours plus facile que pour eux. Mon expérience de thérapeute m'a montré que ce n'est facile pour personne. Certains donnent l'apparence d'avoir, et ce dès la naissance, une grande confiance en eux. Et certainement l'ont-ils dans un domaine, mais ils ne l'ont pas dans toutes les situations de leur vie. Ils évitent même des situations justement pour ne pas être confrontés à leurs possibles défaillances. Chacun doit lutter pour lui-même : particulièrement là où il est seul à savoir où sont ses doutes et ses failles.

Il ne faut pas craindre de se battre. Contre les autres, et le plus souvent contre ceux qui nous sont les plus proches ; mais aussi contre nous-mêmes. Nous menons un combat pour retrouver cette force qui est en nous, qui existe en chacun de nous. Il nous faut lutter contre des obstacles que l'on croyait infranchissables, mais qu'il nous faut détruire sous peine d'être nous-mêmes détruits. Il existe, pour chacun de nous, des forces contraires à notre évolution. Et ce n'est que par un long travail que nous pouvons en venir à bout. Travail qui en vaut toujours la peine. Picasso a dit : « Il faut aller à tous les combats. »

2

Vivre sa vie

Il s'attachait au seul but qu'il s'était fixé : vivre sa vie et non simplement vivre.

Stefan ZWEIG, « Montaigne »

Qu'ai-je fait de ma vie ?

On a besoin de temps, de beaucoup de temps avant de *vivre sa vie*. Étrange expression : comme si cela n'allait pas de soi. Comme s'il était possible de vivre celle d'un autre, ou de ne pas vivre *sa* vie. Il est vrai qu'il ne suffit pas d'être en vie pour se sentir vivant, pour éprouver pleinement la sensation de vivre. Si la vie nous est donnée, il nous est ensuite donné d'en faire *notre* vie.

Il arrive à certains de dire : « Qu'ai-je fait de ma vie ? », question qui leur vient à l'esprit quand ils en sont insatisfaits. Si le désespoir s'empare d'eux, les voilà qui se lamentent : « J'ai l'impression de n'avoir jamais rien fait de ma vie. » Ils pourraient alors se demander ce que leur vie a fait d'eux ou, plus précisément, ce qu'ils lui ont permis de faire, dans un état de passivité qui aurait anéanti toutes leurs forces de volonté. Car nous devons constater, si nous ne la dirigeons pas, qu'elle nous entraîne là où nous ne voulons pas aller.

« J'ai vécu beaucoup de choses, mais je n'ai pas vécu ma vie. » Certains ont l'intuition de ce que devrait être leur vie, mais sans savoir précisément ce qu'elle doit être ou ne pas être. Ils ont la sensation d'avoir un creux dans l'estomac, à l'image de leur vie qui est vide de sens : ils éprouvent cette pénible sensation d'une faim sans objet. Ils disent alors en se résignant : « C'est ça la vie. » Alors que, justement, quand ils prononcent cette phrase, ils pensent : « Ce n'est pas ça. » Ce n'est pas ce qu'ils en attendent : le « ça » dont ils ont besoin pour se sentir en paix.

Plus nous sommes cohérents avec nos actes, moins nous sommes atteints, et peu à peu détruits, par les conséquences d'une vie qui ne nous correspond pas. Le problème est qu'avant de suivre une voie que l'on sait être la sienne, on cherche, on tâtonne, on se trompe, on s'engage dans des impasses. On suit une ligne brisée ; au moins l'est-elle en apparence car, en amont, elle obéit à une logique qui nous échappe. Ce n'est qu'une fois que nous sommes sur ce que nous savons être la bonne route que nous comprenons le pourquoi de tous ces détours. Nous ne pouvions faire autrement que d'en passer par là.

Tout ce que nous avons pu faire, ou ne pas faire, n'est pas le fruit du hasard. Nous ponctuons notre chemin d'actes qui répondent à certains impératifs. Ne serait-ce que celui, toujours essentiel, d'être aimé et reconnu, et par conséquent de se sentir exister. Nous donnons ainsi, au fur et à mesure, la priorité à des enjeux qui sont plus de l'ordre de la survie que de la vie : la survie de notre équilibre psychique. Nous allons là où, au moins dans un premier temps, on est certains de se faire du bien.

Or c'est par tout ce que nous mettons en œuvre pour cette survie que nous finissons par nous mettre en danger ; c'est parce que nous avons à lutter contre ce qui menace de nous détruire que nous nous détruisons. En d'autres termes, si nous n'étions pas fragilisés par certaines situations et, par conséquent, dans une demande de réparation affective, nous n'accepterions pas de vivre des situations qui, à nouveau, nous fragilisent. Nous fabriquons parfois notre malheur en cherchant notre bonheur.

Chacun de nous paie, à sa façon, son droit d'être au monde. Et chacun en subit les conséquences, quels qu'en puissent être les bénéfices immédiats. Un enfant maltraité est dans une telle demande d'amour qu'il accepte de l'amour, même de qui le maltraite. Il est incapable de dire non à qui le fait souffrir, de refuser de l'amour, même de qui n'en vaut pas la peine. Pour avoir la force de perdre une possible manifestation d'amour de qui justement ne l'aime pas, ou l'aime mal, il lui faudrait être guéri de sa demande d'amour.

Or dans un premier temps, il accepte tout. Car l'amour est roi. Il a trop besoin d'être aimé pour ne pas orienter tous ses actes dans cette seule et unique direction : recevoir de l'amour. Et il attend trop de l'autre, des autres, pour ne pas agir en fonction de ce que ces autres attendent de lui. C'est ainsi qu'il vend son âme, non pas au diable, mais à ceux qu'il aime. À ceux qu'il aime le plus. C'est ainsi qu'il leur aliène peu à peu sa liberté ; ce qu'il ne comprendra que plus tard, une fois libéré d'eux, plus précisément de leur emprise sur lui. En ce sens, certaines séparations, même très douloureuses, sont une libération.

Si l'amour donne des ailes, il peut aussi détruire. De cet amour-là, il faut se défaire : de cette dépendance dont nous n'avons pas toujours conscience et qui nous prive de notre liberté d'être, d'agir, de penser. Ce ne sont pas nos sentiments en tant que tels qui sont en cause, c'est ce que nous en avons fait : des liens qui nous sont néfastes dans le sens où ils nous enchaînent au passé et nous empêchent d'avancer. Des liens qui nous enferment dans une représentation beaucoup trop précise de ce qu'il nous faut faire pour aimer et être aimés.

Cette représentation s'impose à nous tout naturellement : même sans que les autres aient besoin de nous le demander, nous obéissons, en bons petits soldats, à l'idée que nous nous faisons de ce qu'il faut faire pour leur plaire. Le malheur est que, souvent, notre façon de penser est erronée et que nous nous apercevons, par la suite, combien nous avons pu nous tromper. Mais nous ne pouvons le comprendre qu'une fois l'erreur commise.

Les autres, nos parents en particulier, ne nous avaient pas demandé de faire tout ce que nous avons cru utile, et même indispensable, de faire pour eux. Combien découvrent, parfois un peu tard, que leur comportement de bon élève, leur conduite si exemplaire, non seulement a engendré un sentiment de frustration, mais n'a pas séduit autant qu'ils l'auraient souhaité ceux à qui il était destiné. Qu'ils ne regrettent rien, néanmoins. Leur motivation à bien faire leur a été utile, et le sera encore, pour leur donner la force d'accomplir ce qu'ils jugent bon de faire. C'est un acquis, à jamais.

On peut même se demander s'il ne faut pas, dans toute histoire de vie, franchir l'étape de l'adaptation au désir de l'autre, pour se donner, ensuite, la liberté de faire ce qui correspond davantage à notre propre désir.

Peut-être est-ce seulement après avoir accompli ce que les autres attendaient de nous que nous pouvons nous permettre de faire, enfin, ce qui nous plaît. Que nous pouvons vivre notre vie.

Les exemples sont innombrables de ceux qui, dans un premier temps, accomplissent ce qu'ils considèrent devoir faire sans remettre en question le bien-fondé de leur choix. Ils se marient, font des enfants, choisissent un métier, certains que leur bonheur se situe là. Ils n'ont pas la distance nécessaire pour faire la part de ce que l'on attend d'eux et de ce qu'ils ont vraiment envie de vivre. Pour la raison qu'il faut du temps, et justement pouvoir faire un travail de deuil, avant de découvrir ce qu'il en est de nos véritables désirs.

En attendant, c'est une cuillerée pour maman, une cuillerée pour papa, une autre pour les grands-parents, les oncles, les tantes, le parrain, la marraine... Ainsi font-ils du piano, de la danse, de la peinture pour l'un, ou deviennent-ils spécialiste d'histoire, de politique ou d'électronique pour un autre. Ces motivations sont nécessaires pour éprouver le désir de progresser. Encore faut-il que ce soit dans le domaine le plus approprié à leurs goûts et leurs talents.

Car il se peut qu'un jour ils se réveillent et se disent : « Étais-je fait pour être mère ou être père ? Avais-je envie de faire ce métier ? En réalité, je déteste le piano, je ne suis vraiment pas doué pour l'électronique... En revanche, j'ai très envie de me lancer dans l'ethnologie et j'aimerais tellement voyager. » Ou encore : « Pourquoi ne me suis-je pas donné les moyens de progresser dans la photo ou l'horticulture, ce que j'ai toujours eu envie de faire ? » Autant de questions que chacun peut être amené à se poser un jour ou l'autre.

Il est, par conséquent, des potentialités, des désirs, des élans que nous sacrifions à d'autres combats, plus essentiels, au moins dans l'immédiat. Des bonheurs réels ou présumés que nous sacrifions à d'autres histoires de vie. Et ce, pendant une partie de notre vie, ou même pendant toute notre vie. Une femme pleurait en constatant qu'elle n'avait jamais pris le temps de s'occuper d'elle. Avant de penser à soi, nous avons tant à faire et à penser pour l'autre, pour les autres ; tant de temps à consacrer à d'autres vies qui ne sont pas les nôtres.

Notre part de choix est très relative. Tant de facteurs, dont nous n'avons pas toujours conscience, nous conduisent à agir comme nous le faisons. Certains enfants, par exemple, ne se sont jamais autorisés à être enfants. Ils ont, dans une inversion des rôles qui leur a été imposée, pris en charge leurs propres parents. Ils n'ont connu de l'enfance ni la légèreté ni l'insouciance. Tchekov a dit : « Dans mon enfance, je n'ai pas eu d'enfance. »

Nous pouvons le constater quand les parents portent en eux une souffrance qui ne leur permet pas de tenir le rôle protecteur qui devrait être le leur ; surtout quand ils sont dans le déni de cette souffrance. Rien ne laisse l'enfant moins libre de son destin qu'un écart trop important entre la réalité de ce qu'il vit et ce qui lui est dit de cette réalité, entre les questions qu'il se pose et les réponses qui lui sont faites.

Tout enfant qui entend : « Ne t'en fais pas » quand il a compris qu'il y avait tout lieu de s'en faire, ne peut plus désormais se fier à ce qui lui est dit. Il suffit que l'on dise à un enfant, ne serait-ce qu'une fois « Ce n'est rien », alors qu'il s'agit pour lui de quelque chose de grave, et il perd à jamais confiance dans la parole des adultes. Je me souviens d'une femme qui racontait que, petite, elle ne pouvait s'endormir tant elle était à l'affût de tous les bruits de la maison. Elle vivait avec la sensation d'une menace qu'elle était seule à connaître. Elle ne pouvait partager ses peurs avec les adultes car ces derniers n'avaient pas su la rassurer par leurs actes, leurs mots et leur présence. Comment se laisser vivre si l'on doit être vigilant là où les autres ne le sont pas ?

Les enfants portent intensément l'histoire de leurs parents avant de pouvoir se consacrer à la leur. Ils endossent les multiples histoires de leur saga familiale. Ils héritent de peurs et de douleurs dont ils ne savent plus, ensuite, si ce sont celles de leurs parents ou les leurs. Ils n'ont pas conscience d'être à ce point concernés par ce que leurs parents, et leurs propres parents, ont vécu et subi dans leurs vies. Or, non seulement ils sont concernés par ce qu'il leur arrive même d'ignorer, mais ils veulent réparer ce qui leur semble avoir été mal vécu.

Ils éprouvent d'autant plus le besoin d'intervenir qu'ils sentent l'un ou l'autre des parents incapable de se prendre lui-même en charge. Plus précisément, ils savent que quelque chose ne va pas ; mais ce *quelque chose* n'étant jamais nommé, ils voient mal comment il pourrait être résolu, et ne voient surtout pas qui, en dehors d'eux, pourrait le résoudre. Or, rien n'est plus difficile que de trouver la solution à une problématique qui n'est jamais exprimée, et qu'il est difficile, voire impossible, de mettre en mots.

Ces enfants se sentent alors chargés d'un rôle dont ils ignorent les tenants et les aboutissants, et qu'ils pensent être seuls aptes à remplir. Rien ne leur a été explicitement demandé et, cependant, ils ne peuvent continuer à faire leur route comme si de rien n'était. Il est des demandes passives plus pressantes encore que des demandes actives, dans le sens où, l'autre (l'un des parents en l'occurrence) n'agissant pas, les enfants ne peuvent faire autrement que d'agir à leur place. Face à un danger qui menace la structure familiale, certains enfants se désignent, ou sont désignés par les autres, comme devant intervenir là où les parents se révèlent incapables.

Des sentiments d'angoisse viennent de là : de cette conscience d'un devoir à accomplir, mais sans que ce dernier soit jamais clairement exprimé. Pour ceux qui ont un sens aigu du devoir, ignorer comment on doit agir engendre un perpétuel mal de vivre. Ils sont en attente d'un acte qui pourrait enfin les délivrer d'une dette lourde à porter. Ils se sentent trop responsables des autres pour se rendre disponibles à leur propre vie.

Nous vivons tant de vies avant de vivre la nôtre. Avant de nous donner le droit de vivre la nôtre. Et en vivant d'autres vies, d'autres histoires de vie, nous sommes riches d'expériences vécues par d'autres, et surtout des émotions qui ont accompagné ces expériences. Dès notre naissance, d'autres vies se superposent à celle que nous allons vivre : des joies, des souffrances, des réussites et des manques vont, avant même que nous ayons commencé à vivre, faire partie de notre vie. Ils constituent à la fois notre richesse et notre handicap.

Nos vies passées

Notre renaissance va consister à nous libérer de toutes ces vies parasites qui nous empêchent de vivre. Nos renaissances, pourrions-nous dire, car notre libération se fait par étapes successives. On refait sa vie bien plus d'une fois, même si on utilise le plus souvent cette expression pour un remariage. Ou plutôt, on la fait autrement, en continuité avec ce que nous sommes mais en y introduisant de nouvelles données : un changement, aussi bien interne qu'externe. Changements qui sont indispensables à notre évolution.

Le changement interne consiste à faire mourir ce qui n'a plus lieu d'être. Nous devons abandonner des comportements que nous avions mis en place pour nous adapter à des situations passées, comportements régressifs qui nous renvoient à un statut d'enfant. Enfant malheureux, timide, incompris, enfant qui ne sait comment trouver sa place et se faire entendre, enfant qui se sent si petit face au pouvoir des adultes qu'il s'interdit d'aller jouer dans la cour des grands. Même devenu adulte, on met du temps à comprendre que l'on a le droit d'agir comme un grand.

Un homme s'apercevait qu'il avait toujours souffert de s'être senti petit face à son père, lequel était effectivement grand de taille, mais avait également un pouvoir charismatique. Le fait de se sentir petit l'avait entraîné à se définir comme *petit* et à se comporter comme tel. Dans son corps comme dans son esprit, il se diminuait au regard des autres et à son propre regard, ne se permettant pas d'agir avec toute l'envergure qui aurait pu être la sienne. Le regard que chacun porte sur soi est souvent dénué de toute objectivité. Quelles que soient notre taille et notre apparence physique véritables, nous pouvons avoir la sensation, au moins par instants, d'être petits, transparents, inexistants.

Cet homme, cependant, s'était accompli sur les plans professionnel et personnel. Mais la conviction de ne pas être de taille à se confronter avec des personnages imposants, ou tout du moins qui lui en imposaient, le renvoyait sans cesse à sa douleur de ne pas être à la hauteur et l'inhibait dans son désir de réussite. Au moment de prendre la parole et d'exposer ses idées, et ce d'autant plus que l'enjeu était important, il avait la tête vide. Il usurpait, sans en avoir conscience, la place d'un autre : la place de ce père si respecté et qui était d'ordinaire celui que l'on écoutait. Il est toujours difficile de prendre la place d'un autre que l'on admire et que l'on *met sur un piédestal.* Surtout si cet autre, le père en l'occurrence, ne cède pas volontiers sa place.

Il est des pères qui ont un comportement si autoritaire que certains enfants ne peuvent que se taire. Une jeune fille était paralysée à l'idée de répondre à son père. Elle ne pouvait que se soumettre à un comportement qu'elle considérait injuste et arbitraire, mais qui la laissait sans mot. Et si, dans un sursaut de révolte, elle cherchait à se défendre, elle entendait immédiatement : « Je t'interdis de me parler sur ce ton ! » Mais lui-même, sur quel ton se permettait-il de lui parler ? Sa qualité de père justifiait-elle le manque de respect dont elle était l'objet ? Le respect ne doit-il pas être réciproque ?

Tant d'enfants ont souffert d'un père ou d'une mère qui n'entendaient que ce qu'ils voulaient bien entendre et s'emportaient pour des faits sans importance. Des colères intempestives accompagnent des reproches qui ne sont fondés sur rien. Une éducation *manu militari*, disait une autre jeune fille. Et elle ajoutait : « Ils me demandent tout : d'être une bonne élève, d'être sage, de m'occuper de mes frères et sœurs et, en plus, je dois supporter la mauvaise humeur de mon père et me montrer gentille quand il a enfin envie de l'être » L'habitude d'être maltraité fait vivre dans la crainte de l'être à nouveau.

Certains restent longtemps envahis par la peur d'une violence verbale et parfois même gestuelle. Violence d'autant plus redoutable qu'ils ne savent jamais quand et comment l'autre va réagir. Et ils ne comprennent pas davantage pourquoi il agit ainsi. Qu'ont-ils donc fait pour mériter un tel traitement ? C'est alors qu'ils se sentent coupables, non seulement des raisons qui pourraient être à l'origine de cette maltraitance, mais de leur incapacité à réagir à ces agressions répétées.

Cette paralysie aussi bien gestuelle que verbale, cette incapacité de joindre l'acte à la pensée, jusqu'à cette pensée qui se dérobe, laissant la place à un trou noir, telles sont les manifestations de cette régression à l'état de petite fille ou de petit garçon. C'est un état de sidération, de peur panique. On craint d'être pris en faute et de ne plus être digne d'être aimé. On redoute de revivre ce que l'on a déjà vécu : voir l'être aimé se transformer en grand méchant loup.

La rémanence de cet état régressif s'accompagne, bien souvent, d'une irrépressible envie de pleurer et parfois, pris d'un sentiment de désespoir, de l'envie de mourir, de disparaître. On veut s'abstraire de ce monde où il y a si peu d'amour dans les mots, dans le regard, dans les comportements de l'autre. Où l'autre est présent, mais si peu puisqu'il nie notre présence : puisqu'il s'absente, au réel ou au figuré, de notre existence. Quand on n'existe plus pour l'autre, on n'a plus envie d'exister.

À l'image des enfants perdus dans un grand magasin, il est des moments de la vie, chacun en a fait l'expérience, où l'on peut se sentir abandonné du reste du monde. Certains ont été traumatisés dans leur enfance par ce qu'ils ont vécu comme un abandon : des parents qui leur disent « Je reviens tout de suite » et qui ne revenaient qu'après un temps qui leur paraissait infiniment long. Ou des séjours en pension avec peu de visites et de retours à la maison ; ce qui leur laissait à penser que l'on pouvait aisément vivre sans eux. « Que je sois là ou que je ne sois pas là, c'est pareil. » Pensée qui est toujours à l'origine d'une grande souffrance.

Certains ont une propension à se sentir abandonnés alors qu'ils ne le sont d'aucune façon. Bien souvent, ils n'en comprennent pas l'origine ; leurs parents ont toujours été présents et ils ont été aimés, cela ne fait aucun doute. Cependant, si on les écoute, on s'aperçoit qu'ils ont souffert d'un profond sentiment d'incompréhension dans leur famille. Ils ne se sont pas sentis accompagnés dans leurs désirs et leurs attentes. Ils sont restés seuls avec leurs peurs et leurs questions. Ils ont souffert d'un abandon psychique.

Ne pas considérer et ne pas entendre les paroles d'un enfant, ne pas prendre véritablement en compte le contenu de ses paroles est une forme d'abandon. C'est aussi une façon de lui dire qu'il n'est pas digne d'intérêt et, à long terme, de l'empêcher de parler, de s'exprimer. De là à ce qu'il se sente exclu et nié, il n'y a qu'un pas ; un pas vite franchi, et qui laisse des traces pour la vie.

Ne pas avoir droit à la parole, c'est ne pas avoir droit à la vie. C'est avoir la sensation que les autres, en vous éliminant de leur existence, vous retirent toute forme d'existence. Sensation qui se répète ensuite à l'infini. C'est pourquoi ceux qui se sont sentis incompris et délaissés vont garder une sensibilité extrême à tout éloignement. Tout comportement de l'autre qui ne va pas dans le sens de ce qu'ils se considèrent en droit d'attendre est interprété en termes de rejet ou d'exclusion. Ce que traduisent certains en disant : « Je sais que je suis complètement parano. »

Ce n'est pas une paranoïa délirante, mais la conviction douloureuse qu'ils ne sont pas dignes d'être aimés. Ils ne considèrent alors les actes d'autrui que sous cet angle : si l'autre agit ainsi, c'est qu'il ne m'aime pas. Étrange façon de ne pas se sentir exister tout en se croyant le centre du monde. Car il ne leur vient pas à l'esprit que cet autre qui agit ainsi puisse le faire pour d'autres motivations que celle de les mettre à distance. Ils souffrent d'être transparents dans le regard d'autrui ; mais qu'en est-il de leur propre regard sur les autres ?

Il est essentiel de se sentir compris, de la même manière qu'il est essentiel de comprendre pourquoi les autres agissent comme ils le font. On souffre bien moins d'un comportement en apparence moins aimant quand on en comprend les raisons. On ne pense plus en être l'unique responsable. D'où l'importance d'un vrai dialogue et, *a contrario*, le danger qui menace les familles où l'on ne parle pas. Chacun s'enferme dans la douleur de « compter pour du beurre ». Et c'est ainsi que l'on peut renoncer peu à peu à se faire entendre.

Le problème est qu'à ne plus oser énoncer ses désirs et ne rien revendiquer pour soi, on ne risque pas d'être satisfait. Il ne faut pas avoir l'illusion que ceux qui n'ont pas su entendre les souhaits, même quand ils étaient clairement exprimés, puissent soudain comprendre au-delà des mots. Il existe, certes, une lassitude à dire sans être entendu, un épuisement à « être accompagnée dans un magasin pour acheter une salopette et ressortir avec une robe à smocks », comme le disait une femme se souvenant de ses frustrations de petite fille. Mais qui ne dit rien n'a rien.

Ce renoncement à dire devient un renoncement à vivre. Qui agit ainsi bien vite ne sait plus où il en est de ses propres désirs. Et il encourage l'autre à ne plus tenir compte de ce qu'il souhaite vivre, de ce qu'il est, de ce qui importe pour lui. Peu à peu, il n'est plus rien, dans le regard des autres et à ses propres yeux. Et il est si préoccupé de ce rien qui l'habite qu'il ne voit rien, à son tour, des preuves d'amour qui lui sont données. Ceux qui ont la sensation de ne pouvoir compter sur les autres font en sorte que les autres ne comptent plus sur eux.

Obnubilés par ce qu'ils attendent de l'extérieur, ils ne voient pas ce que les autres peuvent attendre d'eux. Ils éprouvent la nécessité profonde de se construire, mais ne font que se détruire en détruisant toutes les possibilités de bonheur qui s'offrent à eux. Tout ce qui pourrait leur être donné leur est peu à peu retiré, de la même façon qu'ils se retirent de la vie des autres. Quand on ne sait pas être présent pour les autres, ils prennent l'habitude de faire comme si on n'était pas là.

Combien, doutant de l'amour qu'on leur porte, font douter ceux qui les aiment de l'amour qu'ils éprouvent à leur égard ! « Ils n'en ont rien à faire de moi. Ils n'ont qu'à disparaître de ma vie », disent-ils, toujours prêts à rejeter ceux dont ils se croient rejetés. C'est tout au moins ce qu'ils font, mais ce n'est certainement pas ce qu'ils souhaiteraient faire. C'est une forme de dépit amoureux qu'ils appliquent à tous ceux qui sont susceptibles d'être objets d'amour. Ils ne peuvent plus croire qu'un jour, quelqu'un puisse les aimer et les comprendre. Or, il ne faut jamais se décourager : renoncer à l'idée de se faire comprendre par ses proches ou, si cela se révèle trop difficile, de rencontrer qui peut vous comprendre.

Si l'on se ferme à tout espoir de se faire entendre, on répète tout au long de sa vie les mêmes non-dits, la même absence de communication dont on a souffert dans son enfance. Les mères et les pères, pour qui il est naturel de n'être pas écoutés, n'écoutent pas davantage leurs enfants. Et, de même qu'ils se sont laissé imposer ce qu'ils n'avaient pas envie de vivre, ils nient les désirs de ceux qui les entourent. L'abnégation peut ainsi se transmettre de génération en génération, sans être jamais remise en question.

Une femme constatait, en refusant désormais de tout accepter de ses parents, de son mari et de ses supérieurs hiérarchiques sur le plan professionnel, qu'il lui était beaucoup plus facile de faire plaisir à ses enfants. Elle découvrait combien elle avait elle-même son mot à dire en toute situation et ne considérait plus uniquement comme des caprices les desiderata de ses enfants. Elle avait intégré cette notion essentielle : nous avons tous droit à la parole. Nous avons tous le droit de dire ce qui nous plaît et ne nous plaît pas.

Dans le cas inverse, nous sommes submergés par des situations qui ne nous conviennent en aucune façon. On se laisse agresser par des actes et des paroles qui nous blessent mais devant lesquels nous sommes incapables de réagir. Préparés depuis longtemps à supporter ce que nous n'avons pas à supporter, nous considérons comme normal d'être traités de la sorte. Même en se révoltant, on a assimilé cette maltraitance comme possible. Ainsi nous lui permettons d'exister.

Nous perpétuons notre souffrance, dans le sens où nous nous exposons à toutes sortes d'agressions dès que nous les imaginons et, pis encore, dès que nous les prévoyons. Nous sommes déjà abandonnés, rejetés, trahis avant même que l'autre ait agi. Nous réagissons à des paroles et des actes qui n'existent que dans notre esprit. Certains se lancent à l'attaque avec une violence telle qu'ils se font effectivement rejeter, tandis que d'autres s'interdisent tout mouvement, convaincus d'une réponse qui ne peut les satisfaire. Que ce soit par des réactions trop impulsives ou, au contraire, une attitude de retrait, chacun se met en situation de vivre ce qu'il a toujours redouté.

Car c'est bien du passé dont il s'agit, et non du présent. Si nous sommes encore l'enfant malheureux que nous avons été, nous induisons chez les autres un comportement semblable à celui qui nous a rendus malheureux. Une femme qui souffrait d'un sentiment d'infériorité, sa mère l'ayant toute son enfance traitée d'imbécile, se mettait sans cesse en situation d'infériorité dans ses relations de travail. Comme tous ceux qui ont si peu confiance en eux qu'il suffit d'un regard peu indulgent, critique, qui plus est, pour qu'ils perdent tous leurs moyens.

Cette femme faisait des erreurs fréquentes, qui engendraient toujours des réflexions pénibles à entendre. Ou alors elle formulait des demandes concernant des augmentations de salaire ou des aménagements de son temps de travail de telle façon et à des moments si peu opportuns qu'elle ne pouvait qu'essuyer des refus. En conséquence, elle se faisait « remettre à sa place comme une gamine ». Et cela parce qu'elle se comportait, de fait, comme une gamine.

L'on sait combien ces attitudes infantiles engendrent de relations passionnelles, tant sur les plans familial et sentimental que professionnel : « Il m'a dit, je lui ai répondu... » Ceux qui se comportent ainsi sont beaucoup plus concernés par les liens affectifs et les rapports de force au sein du milieu professionnel qu'ils ne le sont par le travail, en tant que tel. Ils sont dans la répétition sans fin d'un conflit avec leur entourage ; le même conflit qui les a opposés précédemment aux autres membres de leur famille.

« Ce n'est pas juste. Je vois bien qu'avec les autres, ce n'est pas pareil. Pourtant, je travaille bien ; pourquoi je n'ai pas ce à quoi j'ai droit ? Je n'ai vraiment pas de chance. » Les mots qu'ils utilisent sont semblables à ceux qu'ils prononçaient quand ils étaient enfants.

Leurs parents leur ont toujours renvoyé cette idée qu'ils ne se comportaient pas comme il le fallait. Et ce jugement leur était d'autant plus difficile à supporter que d'autres, notamment un frère ou une sœur, semblaient représenter aux yeux des parents l'enfant parfait. Ils ont gardé en eux cette sensation de ne jamais être un bon petit garçon ou une bonne petite fille, quels que soient les efforts déployés pour le devenir. Ils restent sensibles à toute forme d'injustice et d'inégalité.

Des années plus tard, adultes parmi d'autres adultes, ils revendiquent toujours d'être admirés et félicités pour ce qu'ils font. Et ils se comparent sans cesse aux autres, ne serait-ce que dans la façon dont ils sont traités. Ils ne supportent aucune réflexion qui laisserait entendre que ce qu'ils font est moins bien que ce que les autres font, car ils pensent, une fois de plus, « Pourquoi, moi, c'est jamais ça ? On me demande toujours plus qu'aux autres ». Ils ne sont pas guéris de cette image négative qu'on leur a renvoyée d'eux-mêmes ; ils ont en permanence besoin d'être rassurés dans l'idée qu'ils ne sont pas mauvais. Cette attente les maintient dans un type de relation — toujours le même — qui est à l'origine d'une grande souffrance — toujours la même.

Une blessure fragilise et met en condition de revivre des situations pénibles, déjà connues. La douleur est si profonde et si confuse qu'il n'est pas plus facile de réagir à l'âge adulte qu'il ne l'a été durant l'enfance. L'absence totale d'objectivité empêche la distance nécessaire pour réagir avec justesse et clarté. On dit que l'amour est aveugle. Une chose est certaine : les blessures d'enfance, qui sont des blessures d'amour, rendent aveugles ; on ne voit pas la réalité telle qu'elle est. On ne sait plus ce que l'on dit, ni ce que l'on doit dire.

Toute personne qui souffre ne voit et ne pense les situations que par rapport à elle. La seule chose dont elle puisse parler, c'est d'elle-même : de ce qui ne va pas, des misères que lui font subir le monde, la vie, les autres, et de tous les événements majeurs ou mineurs qui lui interdisent l'accès au bonheur. Mais à qui peut-elle en parler ? Qui peut bien prendre le temps d'entendre, et surtout de comprendre, la force d'une souffrance qui ne concerne qu'elle et qui est parfois irrationnelle ? « Je n'ai pas envie d'ennuyer les autres avec mon mauvais moral », dit-on. On préfère laisser les autres dans l'ignorance de cette souffrance et on choisit de se taire.

Il est des douleurs dont on ne peut parler et qui, de surcroît, empêchent de parler. L'angoisse qui noue la gorge ou l'estomac rend difficile toute forme d'expression. Comment alors défendre ses idées et oser dire librement ce que l'on pense ? Comment mettre fin à ce que l'autre fait subir, même si l'on sait parfaitement ce qu'il nous faudrait dire et faire ? Au lieu de cela, un autre s'exprime à notre place et nous nous entendons dire ce que nous ne voulions pas dire. Les mots qui pourraient nous soulager et alléger la situation, les mots justes que nous devions prononcer en temps voulu ne franchissent pas le seuil de la pensée.

Le besoin de dire ses blessures reste trop fort, cependant, pour pouvoir se taire. On espère trouver celui ou celle capable de dire les mots qui apaisent. Et l'on entend ce que nous avons déjà entendu maintes et maintes fois : « Ça n'a aucune importance, ne t'en fais pas. Il y a pire, regarde les autres. » Ou encore : « Il faut savoir se défendre, tu n'aurais pas dû... » Réponses qui n'apportent pas la consolation que nous attendions. On aimerait de l'autre qu'il soit de notre côté et non qu'il banalise ou considère comme une erreur de notre part la raison pour laquelle on pense avoir tout lieu de se plaindre. Peu importe que nous ayons ou non raison ; l'essentiel est qu'on nous donne raison.

On se désole d'être si peu compris. Nous aimerions tant voir en l'autre un véritable ami qui nous rassure et nous apaise. La souffrance, au lieu d'être calmée, n'en est que plus forte. Il ne sert donc à rien d'étaler ses misères dans l'espoir d'en guérir. Déjà sensibles à ce que nous vivons mal, nous le sommes de plus en plus aux réactions des autres. Nous sommes désespérés non seulement de notre malheur, mais aussi de ses conséquences malheureuses.

Alors, on se renferme à nouveau. On ne sait s'il nous faut dire ou ne pas dire, jamais satisfaits ni de ce que nous disons ni de ce que nous ne disons pas. Si, avec le temps, trop de non-dits s'accumulent, la communication perd de son intérêt en même temps que de son authenticité. On garde pour soi les paroles d'un dialogue impossible et on devient fou de ce silence imposé. On s'enferme dans son mal-être sans entrevoir aucune porte de sortie.

L'autre est essentiel, qui vient redonner goût à la vie, qui ouvre à une vie plus vraie, plus libre, plus joyeuse. « J'ai besoin qu'un autre fasse entrer dans ma vie du nouveau, du beau. Dans un tête-à-tête avec moi-même, la vie est sinistre. » Cette femme, telle la Belle au bois dormant, attendait qu'un homme vienne la *réveiller*. Elle dormait, non d'un sommeil tranquille, mais d'un tourment incessant qui la maintenait hors de la vie. Seule, elle ne se sentait pas vivre.

Celui qu'elle attendait devait combler cet état de manque permanent. Un homme s'apprêtait à remplir ce rôle qu'elle lui destinait ; elle était prête à tout pour le garder. Son désir de lui plaire était tel qu'elle ne pensait qu'à le séduire, en se soumettant à ses désirs. Voulant à *n'importe quel prix* le garder, la relation perdait pour l'autre de sa valeur ; elle-même finissait par perdre qui lui avait *sauvé la vie*. Dès que notre besoin de l'autre est vital, on peut faire mourir ce qui nous donnait vie.

Nous devons guérir de nos propres manques, de nos peurs, de nos douleurs, sans attendre qu'un autre vienne nous en guérir. S'il nous soulage un temps de notre souffrance, par sa présence et sa tendresse, il suffit que son comportement se modifie pour que reviennent en force nos douleurs d'avant. Le *guérisseur* se transforme en bourreau. Ce dont nous avons souffert avant de le connaître, il en est maintenant le seul responsable. Nous lui reprochons ce que nous aurions pu reprocher à d'autres, en d'autres temps et d'autres lieux. C'est de l'intérieur que l'on doit guérir ses douleurs.

Une femme, dont la mère était malade, a vécu des années dans la crainte de la perdre. Cette mère, par ailleurs très autoritaire, l'empêchait de vivre. Elle portait en elle le désir ambivalent de la garder près d'elle et de la voir partir. Avec l'homme qu'elle aimait, elle avait également un désir ambivalent. Elle ne supportait pas de le voir s'éloigner tout en le haïssant pour l'emprise qu'il avait sur elle : selon qu'il était présent ou absent, elle était heureuse ou malheureuse. La dépendance envers sa mère s'était muée en une dépendance envers cet homme ; il avait le pouvoir de la faire vivre, ou mourir.

L'amour de cet homme réparait des douleurs du passé : il l'aimait comme personne n'avait jamais su l'aimer. Mais, la relation étant ce qu'elle était — imparfaite, comme toute relation —, il lui fallait supporter des conditions contre lesquelles elle ne cessait de se révolter. Dans son cas, elle lui reprochait de ne pas le voir autant qu'elle l'aurait désiré. Le besoin qu'elle éprouvait de cette relation alternait avec le désir d'y mettre fin. Elle devait se faire violence aussi bien en restant qu'en partant. Cette violence, elle la retournait contre elle.

« Ce qui me tue, c'est de subir », disait cette femme qui souffrait de sa dépendance envers l'homme qu'elle aimait. D'autres disent : « Ce qui me tue, c'est de voir, malgré tous mes efforts, qu'il ne change pas », « Ce qui me tue, c'est d'être incapable de faire ce que je dis », « Ce qui me tue, c'est de ne jamais savoir ce que je veux ». « Ce qui me tue » : des mots qu'il ne faut pas prendre à la légère.

On met effectivement sa vie en danger dans le conflit permanent entre nos désirs contradictoires. On s'interdit toute forme d'expression qui puisse nous libérer dans l'immédiat de nos tensions internes et nous permettre, à plus long terme, d'être en paix avec nous-mêmes. On souffre de notre incapacité à agir, ou réagir, comme on sait devoir le faire. Cette dualité nous épuise.

Des manifestations somatiques nous isolent du monde extérieur : on a des difficultés à se nourrir, à respirer, à se déplacer. On se coupe de la vie. « Il, ou elle, a fait un malaise » : le corps exprime un malaise qui en traduit un autre, profond et invisible. On assiste à une dégénérescence des fonctions vitales, jusqu'à ces cellules qui ne se régénèrent plus et provoquent un cancer. Notre douleur de vivre peut nous rendre malades. Protégeons notre vie émotionnelle et psychique. Ne la laissons pas mourir.

3

Changer sa vie

Tuer ce qui nous tue

Il est un temps où l'on doit tuer ce qui nous tue. Des paroles assassines aux gestes meurtriers, des relations et des situations mortifères jusqu'à nos propres pensées morbides, la mort est là, qui nous guette et gagne du terrain sur nos forces de vie. Comme dans un bras de fer, il suffit que nous la laissions prendre le dessus pour n'avoir, désormais, plus la force de nous battre. L'ennemi ne se heurte à aucune résistance de notre part. Nous sommes vaincus.

Il faut réagir à temps : quand nous avons encore les ressources nécessaires pour nous défendre, l'esprit suffisamment vigilant pour comprendre ce qui fait mal. Devenus trop faibles, nous sommes submergés par des faits sans importance et ne pouvons surmonter la plus petite difficulté. Il est impossible d'éviter ces instants de grande fragilité ; chacun en fait un jour ou l'autre l'expérience. Faisons au moins en sorte qu'ils se répètent de moins en moins.

Nous devons réagir avant d'être, tant nous sommes atteints, dans l'incapacité de le faire ; et d'avoir à souffrir, ensuite, de notre incapacité à réagir. En premier lieu, il faut comprendre quelles situations engendrent un mal-être qui nous rend si peu maîtres de nous. Et retrouver ce qui nous maintient, depuis si longtemps, dans le silence. Enfant, nous n'avions pas notre mot à dire, par manque de temps ou d'opportunité, la parole n'étant réservée qu'aux grands. Ou, parfois, il n'y avait pas de place pour une parole vraie. Chacun de nous, pour des raisons propres à son histoire, a pris l'habitude de se taire quand il aurait eu, cependant, tant de choses à dire.

Adultes, à nouveau, nous nous taisons. Sommes-nous convaincus que notre parole ne sera pas entendue ? On peut être découragé de s'exprimer si l'on est déjà certain de n'être pas écouté. Surtout, on craint les conséquences d'une parole qui n'irait pas dans le sens de ce que les autres attendent de nous. Une parole qui fait que nous pourrions être désavoués et perdre ainsi ceux que nous aimons. La raison est là, dans cette peur, parfois proche de la terreur, de perdre quelque chose d'indéfini, mais d'essentiel.

L'enfant se soumet naturellement à l'autorité de ses parents. Même ceux qui *ont leur caractère* n'ont d'autre choix que de se conformer aux règles familiales. Si, dans les premières années de la vie, l'enfant s'exprime encore librement, la scolarité et la socialisation qui l'accompagnent vont l'amener peu à peu à taire ses pensées. Il comprend qu'il y a des choses qu'on ne dit pas, des questions qu'on ne pose pas, des avis qu'on garde pour soi, des réflexions dangereuses à formuler. Adulte, nous avons tout un chemin à faire pour nous donner la liberté d'exprimer ce que nous avons longtemps jugé préférable de garder secret.

L'enfant qui est en nous doit grandir. Tout en exprimant enfin ce qu'il a à dire, il refuse désormais de se soumettre à une autorité caduque. Il lui faut avoir fait le deuil de ce qu'il attendait en contrepartie de sa soumission : la certitude d'être aimé selon des critères définis par l'autre. « Si je dis ce que j'ai envie de dire, il est évident que plus personne ne m'aimera », disait une jeune fille. Dans l'espoir de plaire à ceux qu'elle aimait, elle réprimait sans cesse ce qu'elle avait envie d'exprimer. Mais peut-on être aimé sans montrer qui l'on est ?

Il devient de plus en plus inconfortable de répondre aux attentes des autres sans oser s'affirmer. On vit dans le mensonge ; un mensonge qui mène tout droit à la dépression. Les paroles refoulées se transforment en larmes amères, les non-dits en symptômes physiques et la sensation d'être devenu transparent, voire inexistant, procure un sentiment d'impuissance. On n'éprouve plus le désir de se battre. Et on ne gagne jamais à courir derrière une image qui n'est pas la sienne.

Il est difficile, cependant, pour qui doute des sentiments qu'on lui porte, de prendre le risque, même minime, de se faire rejeter. Il faut une grande force pour s'opposer à un interdit clairement formulé et, encore davantage, un interdit que l'on a fini par intérioriser. Toutes ces années à entendre, de la part des adultes, « Chut, tais-toi », ou « Taisez-vous », selon qu'il s'agissait des parents, des professeurs ou des supérieurs hiérarchiques, demandent, pour s'en libérer, un vrai travail de déconditionnement. Nous ne sommes pas certains d'avoir le droit de répondre.

Nous en avons le droit. Adulte, la hiérarchie n'existe bien souvent que dans notre esprit. S'il est des personnes que nous devons respecter, nous ne devons pas nous soumettre à toutes leurs volontés. C'est une marque de respect que de dire à l'autre ce que nous avons à lui dire. Et il faut prendre le risque d'être irrespectueux pour se faire respecter.

Persister dans le respect de ceux qui ne nous respectent pas les encourage à persister eux-mêmes dans la voie de l'irrespect. Ceux qui se permettent des écarts de conduite ne cesseront que si on leur intime l'ordre d'arrêter. On dit bien à un enfant : « Je t'interdis de me parler sur ce ton. » Il est moins fréquent d'entendre un adulte parler ainsi à un autre adulte. Il est des façons moins directes et péremptoires de mettre des limites au comportement de l'autre. L'essentiel, d'une façon ou d'une autre, est que ces limites puissent être dites et entendues.

Pourquoi sont-elles si difficiles à imposer ? Préfère-t-on avoir mal que de faire mal ? Et si l'on craint de faire mal à qui nous fait mal, veut-on l'épargner dans un grand acte de générosité ? Ou redoute-t-on, en représailles à nos réactions, qu'il fasse encore plus mal ? « Cela fait longtemps que je le laisse faire ce qu'il veut. Si je fais la moindre réflexion, après, c'est encore pire. Il me le fait payer très cher : il me fait la tête pendant des journées entières. » Se taire, c'est souvent, à juste titre ou non, une façon de se protéger.

Quand l'autre nous a blessés, on ne veut pas prendre le risque qu'il nous blesse davantage. On éprouve, au contraire, un besoin de réparation : on cherche à se montrer gentil pour qu'il le soit à son tour. Ou on fait comme si de rien n'était afin ne pas provoquer sa colère. On ne veut surtout pas l'irriter : on supporte mal les conséquences de son courroux. Notre comportement sous-entend : « Faisons la paix. Dis-moi des choses gentilles et j'oublierai tout. » Le danger est là : plus l'autre nous atteint, plus nous sommes dans l'attente d'une bonne parole de sa part.

Nous attendons de lui, et de lui seul, qu'il nous dise enfin des mots qui puissent nous apaiser. « Quand il me quittait, j'avais une telle sensation de vide que je restais des heures, des journées entières, suspendue à son appel. Je respirais à peine, comme si mon souffle dépendait du geste de consolation que j'espérais de sa part. » Qui n'a souffert du départ brutal de celui ou celle qu'il aimait ? Ou encore de la phrase ironique et cinglante qui laisse sans voix, anéanti ? On vit dans l'urgence d'une réparation qui permette de survivre à cette agression.

On aimerait supplier l'autre de revenir sur ses pas, ou sur ses dires. Pour nous autoriser à revenir vers lui, on est prêt à lui trouver des circonstances atténuantes : la fatigue, le surmenage, les soucis, une enfance difficile, des échecs qui l'ont marqué, une mère comme ci, un père comme ça. « On verra plus tard, ce n'est pas le moment. » Ou encore, se dit-on : « Nous n'allons pas l'accabler davantage par des reproches et des récriminations. » On le comprend tant et si bien que l'on porte son mal de vivre en plus du mal qu'il nous fait.

Ceux qui ont subi des maltraitances morales de la part de leurs parents les protègent en croyant se protéger. Ne sont-ils pas eux-mêmes coupables d'être l'objet de ces maltraitances ? Coupables d'avoir agi de façon à les rendre possibles. Coupables de les subir sans rien dire. Coupables d'être incapables d'y mettre fin. Coupables, aussi, d'une agressivité refoulée face à ceux qu'ils aiment, malgré tout. Coupables, à la longue, de tout et de rien, et même du fait d'être malheureux.

Ils espèrent que leurs parents les soulagent de cette culpabilité et ils attendent de ceux qui plus tard les feront souffrir qu'ils puissent également les en libérer. Maintenus dans l'attente, ils ne peuvent ni agir, ni réagir, ni partir. Tant qu'ils se croient responsables du mal qu'on leur fait comme du mal qu'on leur a fait, ils ne se donnent pas le droit de faire porter à l'autre, ou au moins de partager, la responsabilité de l'échec d'une relation.

Dans leurs paroles, ils ne craignent pas de faire porter la faute aux autres. À mieux les entendre, on constate qu'il s'agit d'une projection sur les autres de cette faute qu'ils portent en eux. Toute agression de la part d'autrui réveille la conviction douloureuse d'avoir mal agi. De même, toute incapacité de l'autre à changer est vécue comme une impuissance à les faire changer. Toute perte d'amour n'est due qu'à leur difficulté à se faire aimer. En un mot, tout est de leur faute, même s'ils affirment le contraire.

Jusqu'au jour où ils sont capables de voir chez les autres en quoi ils peuvent être, eux aussi, coupables. « Après tout, si j'étais angoissé toute mon enfance, c'était la faute de mes parents, pas la mienne », disait un homme qui avait longtemps porté seul la responsabilité de la mauvaise relation avec ses parents. Une fois que l'on accepte de ne pas être le seul responsable d'une relation qui ne fonctionne pas, on peut dire à l'autre ce qui ne nous convient pas. Il n'est pas question de se comporter en accusateur, mais de prendre position.

Il ne faut pas exclure notre part de responsabilité dans la façon dont l'autre agit, ou réagit, face à nos actes. Mais ne pas oublier les mobiles, conscients et inconscients, qui le poussent à agir comme il le fait. Découvrir ces motivations étrangères à ce que l'on est permet de ne plus se charger de tous les maux de la terre. Se disculper permet de disculper l'autre de ses possibles fautes : ceux qui sont prêts à accuser autrui de tous les torts sont ceux qui sont toujours prêts à s'accuser eux-mêmes. « Juger autrui, c'est se juger », a dit Shakespeare.

Ceux qui se sentent toujours coupables acceptent, au moins en apparence, des comportements qui leur déplaisent. En conséquence, ils ont l'opportunité de trouver des fautes dans le comportement d'autrui. Pour mieux oublier leurs propres fautes, ils sont même à la recherche de celles des autres. Ils ne cessent de se plaindre de ce qu'on leur fait subir et répètent, par leur incapacité à réagir, une souffrance qui n'en finit pas. Jusqu'à ce qu'ils se réveillent, enfin.

Ils osent alors ce qu'ils n'avaient jamais osé jusque-là. Ils mettent des limites à ce que les autres leur font vivre : précisément à ce qu'ils n'ont pas envie de vivre. Pour y parvenir, ils acceptent de ne pas être parfaits : de ne pas être tels qu'ils aimeraient être dans le regard de ceux qu'ils aiment. Ils prennent le risque, si la situation les y contraint, de se mettre eux-mêmes en défaut. Ils ne craignent plus de rompre avec l'image que les autres ont d'eux. Ni de ce qui peut en être la conséquence : une éventuelle rupture.

C'en est fini de la petite fille ou du petit garçon *gentils*. Une mère disait à sa fille : « Quand tu étais petite, tu étais si gentille. » En d'autres termes : « Maintenant que tu es grande et que tu n'en fais qu'à ta tête, tu n'es pas gentille. » Cette fille ne pouvait être elle-même qu'au risque d'être perçue comme méchante. La méchanceté n'était-elle pas du côté de la mère qui ne laissait pas sa fille grandir ? Les parents peuvent-ils demander à l'enfant de choisir entre le fait d'être aimée et d'agir comme il lui plaît ?

« Tenir tête » ou « faire sa mauvaise tête », par le fait de ne pas répondre aux desiderata d'autrui, met en situation de déplaire. De même, dire à l'autre que l'on n'est pas d'accord avec ce qu'il dit et ce qu'il fait peut le conduire à nous rejeter. Mais c'est le seul moyen de lui faire entendre ce que l'on ne veut plus entendre.

C'est lui dire, clairement, ce que l'on ne veut plus vivre et que l'on n'a pas à vivre.

Certains ont pris l'habitude de dire et de faire systématiquement ce qu'ils savaient ne pas devoir dire et faire. Ils vivent dans un état permanent de révolte. C'est une telle constante dans leur comportement qu'ils n'en tirent pas une réelle satisfaction. L'excès d'abnégation, de même qu'une rébellion incessante, sont des attitudes qui mènent au même résultat : l'incapacité d'être soi.

Il est un temps où il n'importe pas tant de plaire ou de déplaire que d'être en accord avec ce que l'on est, ressent et pense. Rentrer dans le jeu de l'autre pour être certain de ne pas le perdre conduit à *se* perdre. En affirmant ce que l'on est et en restant intransigeant sur ce que l'on veut, peut-être ferons-nous fuir ceux qui nous voudraient différents. Mais, ainsi, leur donnerons-nous l'opportunité de nous aimer tel que l'on est.

Que de fils ou de filles n'ont pu dire à leur mère ou leur père qui se permettaient à leur égard des colères injustifiées et les prenaient pour boucs émissaires de leur mal-être : « Tu n'as aucune raison de me parler comme tu le fais. Rien dans mon comportement ne mérite ni ce ton, ni ces critiques, ni cette colère. » Ces difficultés à dire sont d'autant plus grandes qu'ils ne savent jamais, de la part de l'un ou l'autre des parents, à quoi s'attendre. Ils sont toujours inquiets des réactions possibles de l'autre.

Il leur faut, pour s'exprimer, dépasser des peurs profondément ancrées : voir l'autre exploser ou les rejeter dès qu'ils se permettent de l'affronter. Ils ne doivent plus craindre de blesser qui les blesse, de décevoir qui les déçoit, d'abandonner qui les abandonne. Et surtout il leur faut abandonner l'idée qu'ils finiront par obtenir ce qu'ils veulent en faisant sans cesse des pas vers qui les ignore. Pourquoi s'acharner à plaire à qui ne craint pas de nous déplaire ?

Une femme faisait des cadeaux à sa mère sans la voir jamais satisfaite, ni recevoir de sa part le moindre remerciement. Elle continuait cependant, dans l'espoir qu'un jour, enfin, sa mère lui rendrait l'amour qu'elle lui donnait. Elle éprouvait un sentiment d'injustice : comment une mère peut-elle être si peu aimante avec une fille si aimable ? Elle redoutait, en mettant fin à ses gestes, d'avoir à renoncer à de possibles manifestations d'amour de sa mère. C'est le cas de ceux qui multiplient les preuves d'amour envers qui ne leur donnent pas celles qu'ils attendent.

Jusqu'au jour où ces derniers arrêtent de donner à qui leur donne si peu. Ils ne font plus de cadeaux, au sens large du terme, à ceux qui ne se montrent pas dignes de les recevoir. Ils n'ont plus envie de séduire qui leur tourne le dos ; ceux qui, pour une raison ou une autre, ne se montrent pas à la hauteur de l'amour qu'ils sont prêts à offrir. Ils cessent de se considérer comme coupables du non-amour de l'autre et ne veulent plus être victimes d'une situation qui leur déplaît. L'autre étant ce qu'il est, autant s'arrêter là.

D'autant plus qu'en cessant de multiplier les efforts pour se faire aimer, ils peuvent avoir l'heureuse surprise de constater que l'autre est prêt à leur dispenser les gestes d'amour qu'ils attendaient. De même, quand ils ne laissent plus personne exprimer une agressivité qu'ils n'ont pas à supporter, ils voient leurs *agresseurs* changer radicalement d'attitude. C'est au moment où l'on n'attend plus, avec obstination, que l'autre change, qu'on lui donne l'opportunité de changer.

Celui ou celle qui se voit arrêté dans sa conduite destructrice trouve un soulagement à être limité dans ses pulsions négatives. Combien sont malheureux de ne pouvoir contenir leur impulsivité, de se voir l'objet d'un emportement qu'ils réprouvent eux-mêmes. Ils regrettent leur comportement, après coup. Et s'ils s'en font le reproche, ils en veulent également à ceux qui leur permettent d'agir ainsi. Inversement, ils sont reconnaissants à celui qui les en empêche.

Stendhal a écrit : « Il n'y a qu'un pas de la colère contre soi-même à l'emportement contre les autres. » Ceux qui se mettent facilement en colère sont insatisfaits des autres, le plus souvent parce qu'ils sont insatisfaits d'eux-mêmes. Les pères et mères qui abusent de leur autorité, comme ceux qui, détenteurs d'un pouvoir, même relatif, profitent de la situation, ne font que dévoiler leur propre malaise. Ce malaise ne peut être calmé qu'en mettant fin à leurs excès avec fermeté.

On est en paix quand on exprime ce que l'on a à dire. Et on permet également à l'autre de l'être : on le protège de ses mauvais penchants. Pourtant, il se peut que nous nous sentions coupables de faire mal à qui nous a fait mal : « Je sais ce que je pourrais répondre, mais ce serait vraiment trop méchant. » Notre douceur et notre tolérance sont interprétées comme étant des signes de faiblesse. Bien loin d'en être reconnaissant, l'autre abuse de notre gentillesse. Tant que l'on craint d'exprimer son agressivité, on laisse l'autre donner libre cours à la sienne.

Autant de bonnes raisons pour se permettre, sans crainte de perdre l'autre, d'être intraitable dans la façon d'imposer des limites, dès qu'elles sont nécessaires. « Maintenant, c'est clair pour moi ; s'il commence à crier, je lui dis que je reviendrai quand il se sera calmé », disait une femme qui voyait de façon récurrente son mari lui faire des scènes, à propos de tout et de rien. Un homme de dire à un patron qui, non seulement refusait de lui donner les papiers qu'il était en droit d'avoir, mais commençait à hurler : « Si vous le prenez sur ce ton, je m'en vais ! » Exemples parmi tant d'autres, ces derniers ont intégré la notion qu'ils n'ont d'aucune façon à être maltraités. Un point, c'est tout.

La réaction s'impose d'elle-même, dans l'évidence et la simplicité. Elle devient si naturelle qu'ils se demandent pourquoi il leur était auparavant si difficile de répondre. Et ils sont surpris de constater, non seulement que l'autre ne leur en veut pas, mais qu'il « est devenu soudain tout à fait charmant ». Ils ont acquis une distance avec le contenu du discours qui leur est adressé : ils ne sont plus cloués sur place par des mots *qui les tuent* ou une injustice qui les laisse sans voix. Le réflexe est pris, pour toujours, de renvoyer à l'autre une agressivité qui ne les concerne plus.

La force de cette réaction tient à son caractère aussi immédiat qu'implacable. Pas de tergiversation possible ; aucune excuse ou justification au comportement de l'autre ne peut être envisagée. « S'il a envie d'être désagréable, c'est son problème, ce n'est plus le mien. Je n'hésite plus à le renvoyer dans ses buts. » « Avant, j'étais le mal incarné, je prenais tout au premier degré. Maintenant, j'ai compris que l'autre pouvait être en cause. Quel soulagement ! » Dès lors que l'on peut exprimer, sans crainte, sa désapprobation, on éprouve un sentiment de libération.

« On se sent si bien quand les choses sont dites », affirmait une femme qui se sentait libérée des non-dits qui tuaient peu à peu sa relation avec son mari. Il faut *vider son sac* : seul moyen de reprendre son souffle et de permettre à la relation de trouver un second souffle. Comme au ping-pong, la répartie doit être vive. Il s'agit, à chaque instant, de trouver la réponse la mieux adaptée : une réponse juste, précise, rapide. Autant dire une réaction qui ne suppose pas le moindre temps de réflexion.

Ou, si réflexion il y a, celle qui, pendant tant d'années, a précédé cette réponse simple et immédiate. « Ce que les autres peuvent me dire ne m'atteint pas comme avant. Je m'entends répondre, sans faire le moindre effort. » Tout ce qui pouvait éveiller de la colère et de la tristesse, en écho à de vieilles colères et de vieilles tristesses, s'est évanoui dans une sorte d'indifférence. Il n'est plus d'actualité de se défendre ou d'attaquer ; ces réactions ne permettent pas la résolution d'un conflit et restent le fait de celui qui subit. Agir en force n'est qu'un aveu indirect de faiblesse.

Cela diffère de tout aveu délibéré de faiblesse. L'adulte qui a intégré ses imperfections et celles de l'autre peut dire : « Je ne sais pas, je me suis trompé, je ne comprends pas, je ne me sens pas bien... » Il laisse voir des failles qui ne le sont plus dans la mesure où il les accepte. Il n'en a plus honte et, par conséquent, peut se donner les moyens de les combattre. Il dit : « Voilà comme je suis, c'est ainsi qu'il faut me prendre. » Il se montre tel qu'il est et cesse de vouloir affirmer ce qu'il n'est pas. Il ne se laisse plus imposer par les autres ce que ces derniers voudraient qu'il soit.

Renaître

Nous naissons, pour ainsi dire, provisoirement, quelque part ; c'est peu à peu que nous composons en nous le lieu de notre origine, pour y naître après coup, et chaque jour plus définitivement.

RILKE, « Lettres milanaises »

« J'ai donné vingt ans de ma vie pour les autres, maintenant c'est fini. Je vais enfin vivre pour moi. » Ainsi parlait une femme qui se trouvait dans une de ces périodes de changement, qui s'imposent une ou plusieurs fois dans une vie. Décider de vivre *pour elle* signifiait ne plus assujettir ses choix à la demande, réelle ou présumée, des autres : ceux qui voulaient, à sa place, décider de *sa* vie. Cette décision s'était imposée à elle, à la suite d'un état de malaise aussi bien physique que psychique — l'un ne va pas sans l'autre —, lequel devenait de plus en plus récurrent. À vivre trop pour les autres, elle en était tombée malade.

« Si j'avais réagi plus tôt, ma vie aurait été différente. Certainement, j'étais trop jeune ; il fallait que ce soit ainsi. » Il lui avait fallu vivre ce qu'elle avait vécu : elle n'aurait pu, autrement, voir les limites de son comportement. Elle avait été au bout de ce qu'elle croyait bien faire et en avait retiré les bénéfices immédiats. Depuis un certain temps, elle comprenait qu'elle n'y trouvait plus son compte. Si, auparavant, elle ne pouvait qu'agir de la sorte, maintenant elle pouvait — et elle voulait — faire autrement.

Cette prise de conscience de tout ce qu'elle avait été capable de faire, ou plutôt incapable de ne pas faire pour les autres, négation de ce qu'elle désirait, remettait nombre de ses relations en question. En premier lieu, sa relation avec sa mère. Une mère, comme beaucoup de mères, qui n'avait jamais su la rassurer. Cela, non par le fait de son absence, mais, au contraire, d'une présence envahissante. Certains excès de présence ont l'effet d'une absence.

Une mère qui prenait toute la place, qui parlait haut et fort, qui n'entendait pas ce qu'on lui disait. Une mère dont on ignorait ce qu'elle pensait et qui ne pouvait en aucune façon constituer une référence. Une mère qui, même si elle disait son amour, avait un comportement qui ne permettait pas d'y croire. Une mère qui avait l'habitude de dire « Tout va bien », même quand tout allait mal. Une mère que l'on ne pouvait écouter et qui n'écoutait pas. Seul un dialogue véritable, un dialogue où l'on se sent compris, permet de se sentir apaisé.

Elle s'était fabriqué une carapace pour n'avoir plus à souffrir de ce climat d'insécurité : pour mieux se défendre de sa mère. Cette mère d'autant plus intrusive qu'elle était inaccessible. Le paradoxe est là : une mère dont on ne sait ce qu'elle pense envahit davantage l'esprit qu'une mère qui dit, au fur et à mesure, ce qu'elle a à dire. « De toutes les façons, je ne sais pas qui c'est, ma mère. » L'enfant est à la recherche d'un lien véritable. À mère inconnue, enfant méconnu.

L'enfant qui ne peut s'approcher de sa mère, se sentir proche d'elle, se renferme sur lui-même : à son tour, il ne se laisse pas approcher. De même que sa mère ne s'est pas fait connaître de lui, il ne sait pas se faire connaître des autres. Pour mieux se cacher à lui-même, il construit sa vie en fonction des autres. Il va au secours de ceux qui ont besoin de lui : il en oublie ses propres besoins. De se donner du temps pour s'occuper d'autre chose que du malheur des autres. Ne sachant pas dire « non », il se laisse passer en second. Et, peu à peu, se perd en chemin.

Un jour, il découvre combien il a longtemps, trop longtemps, pris sur lui. Pris, dans le cas de cette femme, sous la forme de kilos qui lui donnaient des rondeurs, pour ne pas dire un embonpoint certain ; ce qui, d'un côté, n'était certainement pas facile à vivre, mais d'un autre la rassurait. Elle s'était créé une enveloppe protectrice, en réaction à sa mère qui ne l'était pas, ou si peu. Elle avait fait de son corps une forteresse. Une forteresse imprenable qui lui donnait l'illusion d'être intouchable.

Et elle prenait, comme sa mère, toute la place. Elle ne savait se faire entendre autrement qu'à travers un physique, une voix, une gestuelle qui occupaient tout l'espace. Sa présence envahissante dissimulait un sentiment d'inexistence ; elle avait pris le poids qu'elle ne pouvait donner à ses mots. De même qu'elle remplissait, comme elle le pouvait, ce qu'elle ressentait comme un vide intérieur : un vide qui faisait écho à une absence d'amour.

Était-ce une absence d'amour ? Elle n'en était même pas certaine. Les mères très présentes sont des mères, au moins en apparence, très aimantes. En décidant, à la place de leur enfant, ce qu'il leur est bon de faire, elles sont convaincues d'agir pour le mieux. « Je sais, tu ne sais pas. Fais-le, puisque je te le dis ! » Les enfants n'ont pas leur mot à dire. Pour se sentir exister, ils ont besoin de mettre une distance entre eux et leur mère. Cette distance les apaise ; elle est également une source de souffrance.

Ils peuvent se sentir coupables de ce qu'ils font pour s'opposer à elle : refuser de se nourrir ou prendre un poids excessif, réussir mieux qu'elle ou rater ce qu'elle aimerait qu'ils réussissent, séduire le père, les frères et sœurs, les amis et faire alliance avec eux, contre elle, ou s'enfermer dans un refus de plaire à quiconque et surtout pas à elle. Ils se sentent coupables de ne pas correspondre à l'image que leur mère attend d'eux ; coupables, surtout, du mal qu'ils se font à eux-mêmes, en voulant lui faire du mal. Ils s'affirment dans la négation de ce qu'ils sont.

Ils sont prêts à *n'importe quoi* pour être vus, écoutés, respectés : que leur parole soit prise en compte. Mais ils ne se reconnaissent pas toujours dans les attitudes qu'ils adoptent ; ni dans les personnages, rôles, masques divers qu'ils empruntent pour se donner *bonne figure*. Des habits, costumes, uniformes masquent une image d'eux-mêmes qu'ils se refusent à montrer. Un homme disait en abandonnant pour un temps son uniforme et sa carte de police : « J'ai l'impression d'être nu. » C'est si rassurant d'exister sans être vu ; mais si angoissant de ne se reconnaître ni dehors, ni dedans, ni avec le *costume*, ni sans.

En décidant de perdre du poids, cette femme s'interroge sur ce que celui-ci venait camoufler. Quand on ne veut plus jouer un personnage dont on sait qu'il ne nous correspond pas, apparaît cet inconnu qui n'est autre que nous. La fragilité est enfin dévoilée ; la vraie force reste à trouver. Il faut du courage pour abolir une construction faite sur des bases que l'on ignore. Des fondations dont on découvre l'existence au fur et à mesure que l'on perd ses défenses, que tombe la carapace de protection.

C'est le cas de tous ceux qui acceptent de changer de schéma corporel, en même temps que de schéma psychique qui leur tenait lieu de structure. « Tout s'effondre ; je ne sais plus qui je suis. Où est le vrai, où est le faux ? » Il est perturbant d'affronter ce que l'on s'était ingénié à cacher, aux autres et à soi-même ;

inquiétant de perdre ce que l'on avait construit et qui nous rassurait. Mais ne doit-on pas, quoi qu'il nous en coûte, prendre le risque de *se découvrir* ?

Plus fortes sont les défenses, plus ancienne est cette protection imaginaire, édifiée autant par rapport à soi que par rapport aux autres, plus ardue sera la reconstruction. L'adulte redevient un enfant qui a encore tout à apprendre. Ceux qui s'imposaient par une voix autoritaire et des prises de position arbitraires doivent reconnaître qu'ils ne sont pas guéris de leurs doutes. Des hommes et des femmes qui ne voulaient rien savoir de leurs propres sentiments prennent le risque de les découvrir ; ensuite de se dévoiler. Mais peut-on construire sa vie sur une méconnaissance de soi ?

Certains ont l'illusion d'une construction. Ils ont effectivement construit une famille, se sont fait une belle situation ; ils ont même des postes prestigieux. Si cette famille, cette situation, cette reconnaissance sociale ne sont pas le résultat d'un choix conscient et réfléchi, leur équilibre est vite menacé de s'écrouler. Le plus petit événement extérieur venant ébranler ce fragile édifice les plonge dans la mélancolie. Toute perte laisse apparaître une terre désolée ; qui ne fonde son existence que sur l'apparence.

Tout le travail est là : trouver ses forces en soi. Bâtir son monde à partir de ce que l'on est, et non plus se définir en fonction d'un monde que nous nous sommes construit pour nous protéger de nous-mêmes. Il faut repartir sur des bases saines : nous libérer des contraintes qui nous sont imposées par les autres, et surtout par nous-mêmes. Contraintes que nous connaissons pour certaines, mais que nous découvrons, pour la plupart, au cours d'un travail que nous effectuons sur nous, quelle que soit la nature de ce travail. Ce n'est qu'avec le temps, parfois une vie, que nous découvrons ce qui nous empêche de vivre.

Ce n'est qu'après avoir détruit ces empêchements à vivre que nous pouvons peu à peu renaître. Ces passages obligés sont parmi les plus difficiles de notre existence. Il est aisément compréhensible qu'on puisse avoir le désir d'en faire l'impasse. Mais à quoi servirait de toujours reculer ? On est vite rattrapé par le mal-être d'une vie qui n'est qu'un semblant de vie. L'évitement de ce qui pose un problème peut éloigner une souffrance immédiate, mais en crée toujours une autre, à plus long terme. On ne gagne rien à se perdre de vue.

Il faut affronter sa propre histoire, se confronter à son passé, lutter contre des ombres fantômatiques qui assombrissent notre horizon de vie. Il ne faut pas craindre de changer, ne pas avoir peur d'abolir les vieilles structures pour se créer une autre vie ; même si on se sent tout petit face à l'immensité de cette tâche. On doit accepter sa fragilité, ses doutes, ses difficultés d'être. À se vouloir un surhomme, on met un costume qui ne tient pas avec le temps. Tout déguisement nous expose au risque d'être un jour démasqué.

Des bouleversements dans notre vie réveillent des souffrances que l'on aurait aimé occulter, mais se révèlent ensuite salutaires. Ceux qui entreprennent une thérapie sont déjà dans une phase de déconstruction : brutale, involontaire, elle est provoquée par des facteurs aussi dramatiques qu'inattendus. Ils ont à faire le deuil d'une histoire d'amour, d'un projet, d'un espoir, d'un rêve ou d'une attente qui leur donnait envie de vivre et d'avancer. Un changement imposé de l'extérieur oblige à se remettre en question.

Une fois commencé, ce travail sur soi va entraîner, à son tour, un changement de vie. Contraints — nous n'avons plus le choix — d'examiner *ce qui ne va pas*, nous ne pouvons plus accepter des situations analogues à celles qui nous ont fait souffrir. Il est une vie qui se meurt, sous nos yeux, tout doucement. Une vie qui ne trouve plus sa raison d'être. Une vie qui nous quitte, comme une peau morte, et se détache de nous. « Il faut que je me quitte », disait une jeune fille. Un mouvement se met en marche, en dehors de notre volonté. C'est à nous de le suivre.

Beaucoup sont surpris de se voir réagir différemment. Ils assistent, désemparés, à leur propre mutation. Ils se sentent fragiles. Aussi fragiles que leur nouvelle embarcation. Ils ne savent s'ils peuvent lui faire confiance : où peut-elle les mener, où vont-ils être entraînés, à leur insu ? Ils sont aussi nus qu'une chenille qui ne connaît rien de son avenir de papillon, aussi dépourvus qu'un nouveau-né. À la différence qu'ils savent tout devoir attendre, non des autres, mais d'eux-mêmes.

On a besoin de toutes ses forces pour se concentrer sur une nouvelle naissance. On se bat avec soi-même et contre ceux qui nous empêchent d'avancer : ceux qui nous maintiennent dans des situations, des rôles, des attentes dans lesquels nous ne nous reconnaissons plus. « Maintenant je me sens une autre ; je ne supporte plus ceux qui continuent à parler à celle que j'étais. » Cette femme éprouvait le besoin de s'éloigner de ses proches ; de ceux dont elle s'était sentie proche, mais qui la renvoyaient, maintenant, à un personnage qu'elle ne voulait plus être. Changer, c'est se découvrir une autre identité autant que changer sa vie.

« Je refuse tous les rôles. Je veux être moi. Le problème est que, moi, je ne sais pas qui c'est. » Cette femme souffrait de ne pas se sentir exister ; surtout de ne pas savoir *comment* exister. Tout ce qui pour elle avait un sens s'en trouvait désormais dépourvu. Un empêchement à réaliser un projet bien précis — vivre avec l'homme qu'elle aimait — l'avait amenée à s'interroger sur sa vie et sur elle-même. Un projet n'est pas réalisé et on ne sait plus qui l'on est.

Cette femme s'était identifiée à son projet. Elle était convaincue, comme tant d'autres hommes et femmes que ce qu'elle avait programmé devait, en se réalisant, lui permettre, à elle, de se réaliser. Dès que la vie ne nous donne plus à vivre ce que nous en attendons, nous sommes confrontés à nous-mêmes. L'interruption brutale d'un enchaînement qui va de soi entraîne un état de rupture qui modifie toutes les données jusque-là existantes. La vie s'arrête.

C'est un mal pour un bien. Grâce à ces accidents de la vie qui nous font dévier de notre route, nous pouvons nous arrêter dans notre course et prendre le temps nécessaire pour réfléchir. Qu'a-t-on fait pour en arriver là ? Comment se donner les moyens de ne pas recommencer ? Qu'est-ce qui a de l'importance et qu'est-ce qui n'en n'a pas ? On prend conscience de la vie quand elle nous fait défaut.

Quand on n'a pas la vie que l'on voudrait avoir, on recommence à vivre ; pour certains, on commence à vivre. Le fait d'être déstabilisé oblige, pour retrouver son équilibre, à repartir sur de nouvelles bases. Le départ est donné pour une vie à réinventer : autre, différente, faite de surprises et ouverte à l'inattendu.

Les refus et les rejets précèdent les choix et les affirmations. Beaucoup se séparent des vieux amis comme de leurs vieilles habitudes. Est-ce de l'ingratitude ou l'oubli de ce qui fut, jadis, bon à vivre ? C'est, tout simplement, que « ce n'est pas ça, ce n'est plus ça », comme le disent ceux qui assistent à leur propre détachement, sans pouvoir faire autrement que de le constater. Des amitiés, même des grandes histoires d'amour, perdent de leur sens dès qu'elles maintiennent dans des rôles qui ne sont plus d'actualité. Quand on se veut soi-même neuf et différent, on a besoin de neuf et de différent.

Cette transformation n'est pas sans douleur. On ne se sépare pas facilement de ce qui fut longtemps partie constituante de notre histoire : de cette vie passée à laquelle nous nous étions habitués, bon gré, mal gré. Même ce qui ne nous plaisait pas, nous nous y étions peu à peu attachés. Ce que nous avions mis en place pour le supporter, nous avions fini par l'aimer. Ce qui avait pour nous de l'importance, soudain, n'en a plus ; mais ce n'est pas sans souffrance.

On perd confiance dans ses choix. Et si, dans quelques années, nous portions le même regard désabusé sur ce qui maintenant nous séduit tant ? L'essentiel est que nous puissions trouver notre bonheur, à tout instant, et apprécier ce qui nous est donné à vivre sans craindre de le voir partir. Nous avons pu survivre à des événements douloureux ; nous le pourrons encore. Nous devenons moins inquiets à l'idée de ce qui peut venir transformer notre vie. Dès que nous n'avons plus peur du changement, nous sommes beaucoup plus libres de vivre.

Un des plus grands ennemis de la vie, c'est la peur. Toutes les peurs. La peur de faire, mais aussi la peur de défaire. Tout ce qui ouvre une possible voie sur un monde inconnu renvoie à la peur de cet inconnu qui est en chacun de nous. Beaucoup craignent de ne pas être capables d'affronter ce qu'ils ne connaissent pas. Ils ne veulent rien révéler de ce qu'ils pensent être leur inaptitude à vivre. Ils craignent, comme lorsqu'ils étaient enfants, de ne pas être à la hauteur de ce qui leur est demandé. On veut garder secret ce qui, en nous, nous déplaît.

« Pour vivre heureux, vivons cachés. » Il est vrai que le regard des autres peut être destructeur. D'autant plus si l'on craint de donner à voir une image négative de soi. Certains craignent d'être à nouveau maladroits et stupides. D'autres, qui ne savaient jamais à quoi s'attendre de la part de leurs parents, ne souhaitent pas réveiller des comportements agressifs dont ils ont déjà trop souffert. D'autres encore ne veulent pas prendre le risque de dévoiler leur propre agressivité ; ils en craignent les effets dévastateurs. Moins on se découvre au regard des autres, moins on leur permet de découvrir cette part de soi que l'on n'aime pas.

« J'ai pris l'habitude de me planquer. Je me fais tout petit. Je ne dérange personne et personne ne vient me déranger. » Cet homme, peu à peu, a restreint son univers à ce qui lui est familier. Certains n'ont qu'un souhait : que rien ne vienne bousculer leurs habitudes. Il ne faut pas faire trop de vagues : qui sait ce qui pourrait en résulter. Ils restent dans leur coin, en espérant ne rien provoquer qui puisse avoir des conséquences dangereuses pour eux et pour les autres. Mais là où rien ne bouge, il n'y a plus de vie.

Rien n'est pire qu'un excès de confort. Certains tombent dans le piège de l'immobilité : ils ne veulent plus rien transformer de leur existence et vivent dans la peur de tout ce qui pourrait venir troubler le bon ordre des choses. Cela ne veut pas dire que leur vie soit celle qui leur convient. Mais ils ne s'y sentent pas suffisamment mal pour provoquer un bouleversement qui pourrait détruire des acquis auxquels ils sont attachés. « Après tout, cette vie vaut ce qu'elle vaut ; ni meilleure ni pire qu'une autre. On ne va pas tenter le diable. » Pour ne pas prendre le risque du pire, on ne laisse rien venir.

C'est là le danger : non de vouloir conserver ce à quoi l'on tient, ce qui est légitime, mais de s'interdire tout ce qui pourrait menacer son actuel bien-être. Après s'être battu pour aménager un espace et des liens sécurisants, on ne veut plus prendre le risque de les perdre. Toutes les forces sont concentrées pour maintenir les choses telles qu'elles sont : on croit maintenir ainsi la vie. Un *modus vivendi*, dès que l'on se refuse à y apporter la moindre variation, ne va pas dans le sens de la vie. Trop de confort, c'est déjà un peu la mort.

Des modifications de notre mode de vie imposées par des facteurs extérieurs à notre volonté nous mettent face à ce qui nous pesait : nous en prenons soudain conscience. Certains vivent des séparations auxquelles ils ne s'étaient en aucune façon préparés. Ils subissent la décision du partenaire de mettre fin à la relation. Dans un premier temps, ils sont envahis d'une peine infinie. Jusqu'au moment où force leur est de constater qu'on peut pleurer un bonheur qui n'en était plus un.

Ils portent un regard neuf sur ce qu'ils ont vécu. Ils comprennent à quel point ils s'attachaient à défendre des moments, certes, d'une intensité rare, mais qui, depuis longtemps, ne s'étaient pas répétés. Ils ne doivent pas regretter ces moments, même si ces derniers étaient éphémères. Mais il ne leur faut pas oublier combien ils ont ensuite souffert dans l'espoir de revivre ces heures de félicité. Il suffit parfois de quelques semaines, de quelques mois d'un bonheur absolu pour rester des années durant attaché à l'idée de les retrouver.

Il est impossible, malheureusement, de s'accrocher au bonheur ; on ne peut que le vivre. Et c'est déjà merveille que de pouvoir le vivre. Mais dès qu'il s'agit de faire sans cesse des concessions pour que dure indéfiniment ce qui n'a duré qu'un temps, le bonheur n'est plus au rendez-vous. Il s'en est allé et l'on se désole de ce qui n'est plus.

Le temps passe, les liens se font et se défont. Même pour ceux qui s'accompagnent tout au long d'une vie, il est des moments d'éloignement nécessaires pour mieux se retrouver ensuite. Un changement n'est pas inévitablement une rupture. En mettant une distance momentanée entre nous et ceux que nous aimons, bien loin de détruire le lien qui nous unit avec eux, nous pouvons le rendre plus solide. Ce qui est le plus susceptible de le détruire serait de vouloir le préserver, tel qu'il est, à n'importe quel prix.

Il est indispensable qu'une relation puisse évoluer, parallèlement à notre propre évolution. De même, il faut permettre à l'autre d'évoluer pour que la relation puisse continuer à vivre. Si l'on craint tout changement, sous quelque forme que ce soit, la relation se meurt. Un changement est toujours bénéfique. Il fait partie de la vie.

4

Dans son chemin

L'immense tâche que représente cette simple chose : trouver le chemin qui le mènerait à lui-même.

Stefan ZWEIG, « Montaigne »

Rester soi-même

Où tu n'es rien, reste avec toi ; tu seras tout.

PORCHIA, « Voix »

Sait-on jamais pourquoi on est là où l'on est ? À qui pourrait nous demander : « Pourquoi tel métier, tel choix de vie, telle passion à aimer, à comprendre, à créer ? » sommes-nous capables de répondre ? Et, si réponse il y a, peut-on être sûr que ce soit la bonne ? Une chose est certaine : il importe que nous nous posions à nous-mêmes cette question, en notre âme et conscience. La question est déjà une ébauche de réponse.

L'essentiel est de ne pas se perdre de vue. Le doute, la douleur, la peur peuvent nous rendre inattentifs à nous-mêmes. On court au plus pressé : apaiser notre esprit inquiet, lui apporter dans l'immédiat un peu de tranquillité. On s'éloigne, sans même s'en apercevoir, de ce qui doit être notre route. Celle qui, différente pour chacun de nous, est évidente et lumineuse dès lors que nous y sommes engagés.

Route que nous sommes seuls à connaître, et seuls à pouvoir trouver. À condition de ne pas nous laisser distraire par des faits, actes et paroles sans importance, ni séduire par des chimères. Il faut, peu à peu, apprendre à s'abstraire de toute influence qui nous détourne de notre voie. Stefan Zweig disait, à propos de Montaigne : « Il s'est adonné comme personne d'autre au plus sublime art de vivre : rester soi-même. »

Que de désirs restent à l'état embryonnaire d'intentions et autres résolutions que nous égrenons régulièrement sans y prêter attention. Combien remettent à plus tard la réalisation de ce qui, pourtant, leur tient le plus à cœur ? Ils continuent à rêver plutôt que de prendre le risque de voir leurs rêves ne pas se réaliser. Ils trouvent les bons prétextes, et les mauvaises raisons, pour ne pas agir. En premier lieu, la vie ne leur a pas donné l'opportunité d'accomplir ce qu'ils avaient à accomplir. « Je n'ai vraiment pas de chance », disent-ils. Leur douleur de vivre, *la vie* en est coupable.

Ils savent qu'ils sont en partie responsables de ce qu'ils vivent. Mais face à eux-mêmes, le courage leur manque. Ils ne peuvent faire intervenir leur volonté et souffrent du frein qu'ils mettent eux-mêmes à leurs actions, de ce point de rupture entre leurs élans et leurs actes. Entre savoir ce qu'il faut faire et le faire, il peut y avoir un temps infini. Mais vient un temps où il est trop tard.

Et ce n'est jamais une solution de se lamenter sur sa vie sans rien y changer. D'autant que l'on se sent coupable de ne pas agir comme on sait devoir le faire. Si cette culpabilité est trop lourde à porter, certains la projettent sur les autres : « C'est la faute de ma mère, de mon père, de ma femme, de mon mari, de mon patron. » Tout plutôt que de se trouver confronté à ses propres failles.

Il est toujours plus facile de faire porter aux autres ses imperfections. Jusqu'à ce que l'on découvre que les conflits qui nous opposent aux autres sont la conséquence de nos conflits intérieurs. Travaillons sur nos propres contradictions : notre relation avec les autres deviendra, comme par magie — même si c'est l'effet d'un long travail —, plus fluide et plus harmonieuse. Cessons d'attendre de l'extérieur ce qui ne peut être que l'effet d'une métamorphose intérieure.

Cette métamorphose est la résultante des nombreux changements que nous avons pu effectuer tout au long de notre vie. Elle est le but de nos renaissances successives. Mais elle n'est pas une finalité. Elle ouvre la voie à un commencement, *à une autre vie* qu'il ne faut pas craindre. Bien au contraire, il faut tendre nos actes et nos pensées vers cet inconnu que nous ignorons, mais que nous pressentons.

Chacun sait, au plus profond de son intimité avec lui-même, ce qu'il lui faut faire. Mais il fait taire cette petite voix intérieure et il se laisse étourdir par le tumulte du monde qui l'environne. Il faut, pour mieux s'entendre, avoir confiance en soi. Celle-ci ne se manifeste pas, comme on le croit fréquemment, par le fait d'imposer ses pensées à la face du monde, avec force et autorité ; ni, pour se faire entendre, de crier plus fort que les autres. C'est faire silence, au plus profond de sa solitude, pour être à l'écoute de sa propre vérité.

Cette vérité qui est, justement, notre chemin. Cette vérité que nous ne pouvons percevoir qu'à travers la justesse de nos sensations ; nous ne pouvons savoir autrement qu'à travers nos propres sensations si nous sommes là où nous devons être. C'est le sentiment profond d'une paix intérieure qui peut nous indiquer que nous n'avons pas fait fausse route. Ce n'est pas notre raison qui nous guide. Notre raison n'est pas toujours sage ; elle est trop sérieuse. Et il nous faut être un peu fou pour être sage.

Les inventeurs, les créateurs, les grands initiés ont souvent été considérés comme fous à leur époque. Cependant, ils ont persévéré dans la voie qui était la leur : ils ont poursuivi leur recherche. S'ils avaient cessé leurs travaux, subissant l'influence des critiques et l'incompréhension dont ils étaient l'objet, ils seraient passés à côté de leur vie ; et nous serions, nous aussi, passés à côté de grandes découvertes. Sans leur courage et leur ténacité, l'humanité n'aurait pu évoluer.

Les exemples sont multiples. Je citerai celui de Françoise Dolto qui, interrogée à la fin de sa vie sur ce que fut son parcours, disait avoir souffert de s'être sentie toujours marginale. Au sein de sa famille, car elle avait lutté contre une mère qui ne voulait pas qu'elle poursuive ses études. Désir clairement exprimé puisque son père lui avait dit un jour : « Ta mère ne s'en remet pas de te voir continuer tes études et ne pas les rater. ». Elle a persisté, cependant, dans la direction qu'elle savait être la sienne : devenir « médecin d'éducation ». Ensuite, elle s'est battue contre la société, dénonçant les conséquences de toute éducation sur le devenir des enfants. Elle n'a cessé, envers et contre tout, de défendre ses idées.

Non seulement, elle acceptait ce qu'elle nommait sa *« dingoterie »*, mais elle reconnaissait, sans la juger, celle des autres. On sait ce que fut l'intelligence de son écoute, sa générosité et combien elle a été à l'origine d'un tournant décisif dans les relations entre parents et enfants. Comme le dit sa fille : « Elle était mue par un besoin profond de trouver du positif dans toute situation. Elle était à la recherche du moyen de "faire avec", dans le "sens de la vie", plutôt que de se cabrer sur une idée ou un principe. »

C'est le travail de tout thérapeute que de permettre et de favoriser cette mise en valeur, pour chacun, de ses désirs et ses capacités. Chacun porte en soi un don, un talent bien particulier. Il lui faut, s'il ne le sait déjà, le reconnaître ; ensuite, tout mettre en œuvre pour l'amener à sa pleine réalisation. Nous sommes tous là pour accomplir une œuvre. Nous avons, chacun de nous, notre rôle à jouer, notre place à prendre dans la société. Nous avons quelque chose à apporter au monde dans lequel nous vivons.

Dans l'accomplissement de cette œuvre, nous pouvons répondre à la question de savoir si nous sommes là où nous devons être. La réponse s'impose d'elle-même. Nous ne sommes plus préoccupés par ce qu'il nous faut faire, mais par la façon dont il nous faut le faire. Dans ce combat qui nous est propre, à savoir la réalisation d'un projet qui nous concerne, mais qui concerne également, à une plus ou moins grande échelle, le monde qui nous entoure, nous trouvons la force nécessaire pour nous battre. Nous sommes dans la vie, engagés dans l'acte de vivre.

Nous ne sommes pas dans la douleur de nous regarder vivre, sans rien comprendre à ce qu'est notre vie. Car c'est toujours une souffrance que de se mettre en dehors de sa propre histoire et de la voir comme si elle nous était étrangère. Tout le temps et la force nécessaires pour entreprendre une action et la mener à bien, certains l'utilisent à commenter leur propre vie. Quand on regarde trop sa vie, on ne vit plus.

« Moi, je suis quelqu'un qui... » : ainsi s'expriment certains quand ils évoquent leur caractère et leurs préférences. Ils parlent d'eux-mêmes comme s'il s'agissait d'un autre. Sous prétexte d'un regard distancié, ils mettent effectivement une distance entre eux et leur interlocuteur. Il serait tellement plus simple de dire : j'aime, je n'aime pas, je suis, je ne suis pas... Et tellement plus simple encore d'être sans avoir à le dire.

Avons-nous besoin de nous définir ? Ce qui importe est que nous soyons là, véritablement là. Ceux qui parlent ainsi, le plus souvent, ne sont pas là. De même qu'ils s'observent, ils restent en observation. Ces mots qu'ils utilisent pour mieux se définir leur permettent, au contraire, de mieux se cacher, à leur propre regard comme au regard de l'autre. Ils se cherchent, sans doute, mais évitent de se trouver. À donner trop d'importance à la forme et à l'apparence, on occulte la vérité.

Il faut prendre garde de ne pas s'enfermer dans des rôles de composition : ne pas vivre sa vie en fonction du regard préjugé d'un autre. Certains sont accompagnés en permanence d'un spectateur imaginaire avec lequel ils commentent leur vie. Face à un interlocuteur réel, ce dernier prend la place de cet autre imaginaire : il est nié dans sa réalité. Quand ils s'expriment, ils donnent la sensation de parler davantage pour eux-mêmes que pour celui qui les écoute. À trop parler de soi, on empêche les autres de nous connaître.

D'autant que ceux qui ne cessent de parler d'eux-mêmes cultivent, le plus souvent, une image erronée de ce qu'ils sont. Ils se vivent, pour certains, comme très généreux : « Moi, qui adore rendre service. Moi, qui suis toujours à l'écoute de mes amis... » Ils se donnent en exemple et, en échange de leurs bons services, considèrent comme légitime que les autres en fassent autant. Mais peut-on savoir ce qu'il en est de notre propre comportement ? Ce que nous affirmons, haut et fort, n'a d'autre réalité que celle que nous voulons lui donner.

Se définir n'a pas de sens dans l'absolu. Cela n'a qu'un sens relatif : celui de se faire connaître de l'autre. D'un autre, ou d'autres avec lesquels nous sommes en communication. Ce par le moyen du dialogue et non du monologue. La définition a quelque chose d'immobile : « Je suis comme ci, ou comme ça. » Cela diffère du : « Je ressens, je pense, j'ai l'impression, j'aimerais, cela me plairait, cela ne me plaît pas... » Dire simplement à l'autre la réalité d'un ressenti lui laisse toute la liberté, à son tour, de s'exprimer. La porte est ouverte au véritable échange.

Le travail que nous effectuons sur nous-mêmes a, bien entendu, pour but de nous apprendre à mieux nous connaître. Non pour nous arrêter un jour et décliner notre identité comme d'autres le feront peut-être, en épitaphe, le jour de notre mort. Tant que nous sommes en vie, cette meilleure connaissance de nous-mêmes doit nous permettre de progresser, d'évoluer et d'agir afin d'être au plus près de ce pour quoi nous sommes là ; nous et pas un autre. Nous, dans notre différence et notre appartenance au monde. Le « connais-toi toi-même » est un moyen, non une finalité.

Nous ne pouvons trouver un réel contentement dans ce qui n'est pas notre chemin. Nous avons pu emprunter des chemins de traverse où, par une absence de lucidité, nous nous sommes égarés dans un lieu ou une situation dont seul le temps nous donne à voir qu'ils ne nous correspondent pas. Nous avons pu y trouver du plaisir, mais ce temps est révolu. Ces erreurs sont toujours riches d'enseignement et, ne serait-ce que pour cette raison, méritent d'être vécues. À condition de ne pas s'y éterniser. Le danger est grand à se maintenir là où nous devrions depuis longtemps être partis.

Mais il n'est pas toujours facile de partir. Qui n'a vécu, et plus d'une fois, cette expérience : nous savons qu'il faut quitter les lieux, tourner la tête, mettre fin à un état de fait qui ne correspond pas à ce que nous avons envie de vivre. Nous entendons cette petite voix intérieure qui nous intime l'ordre d'arrêter là une discussion inutile, qui nous incite à mettre une distance réelle ou symbolique avec une situation qui n'engendre que du malaise. Et pourtant, nous sommes incapables de faire le moindre mouvement. On reste, malgré soi, en situation de souffrance.

Une sensation de vide, le sentiment d'être paralysé, une vieille douleur est là, qui nous immobilise : une douleur toujours prête à réapparaître, à l'occasion de circonstances dramatiques mais, tout aussi bien, anodines. Une douleur bien connue, mais qui n'en est pas moins redoutable. Celle que nous espérions avoir chassée de notre vie et qui, dès qu'elle se réveille, met en échec notre illusion d'en être guéris. Celle qui nous empêche d'agir, car nous n'avons pas la distance nécessaire pour prendre la bonne décision au moment opportun.

Nous savons ce qu'il nous faudrait faire. S'il nous était demandé, dans les mêmes circonstances, de conseiller l'un ou l'autre de nos amis, nous saurions quelle conduite adopter. Nous souffrons d'une incapacité à agir. Nous sommes exaspérés de ce décalage entre nos pensées et nos actes. Comment, alors que nous pensions avoir compris, nous nous comportons comme si nous n'avions rien compris ? Notre comportement est une insulte à notre intelligence.

Nous sommes plus *intelligents* avec les autres qu'avec nous-mêmes : quand il s'agit de nous, de notre propre histoire, nous perdons cette distance nécessaire à la juste compréhension d'un conflit et à sa bonne résolution. Notre propre émotion fait écran à cette clairvoyance qui s'impose comme une évidence quand nous sommes à l'écoute de l'autre. Il faudrait nous dédoubler pour être à la fois celui qui vit l'émotion et celui qui se sert de cette émotion mais n'en souffre pas ; avoir sur nous le regard que nous sommes capables de porter sur un autre.

Comme les professeurs de yoga ne sont pas obligés d'être toujours dans un état de sérénité absolue pour être de bons professeurs, les psychothérapeutes ne sont pas obligés d'avoir une vie parfaite pour porter un regard juste sur la vie des autres. Ce n'est pas leur personne qui doit être exemplaire, c'est leur travail. Là, il faut faire preuve de rigueur et de savoir-faire. Les années d'analyse personnelle et l'expérience conduisent à parfaire sans cesse une écoute afin d'accompagner les patients sur la bonne route. Nous avons la distance nécessaire pour aider l'autre à faire coïncider ses pensées et ses actes.

Outre cette distance et l'expérience analytique qui nous permet de détecter les mécanismes en jeu dans une situation, nous n'en sommes pas moins des êtres humains. Nous avons une vie passée et présente : une vie émotionnelle et une sensibilité dont nous nous servons comme d'un matériel. Non pas pour comprendre l'autre en termes d'empathie, mais parce que c'est seulement à travers ce que nous ressentons que nous pouvons prendre conscience de ce qui se joue dans la vie de l'autre.

Et c'est parce que nous vivons ces sensations comme nous étant étrangères — elles sont celles de l'autre — que nous avons la distance nécessaire pour pouvoir les analyser. Nous ne pouvons l'aider si nous souffrons avec lui. Ceux qui prennent trop à cœur les problèmes des autres se trouvent envahis par leurs propres sentiments. Ils ne savent plus ce qu'ils doivent faire et risquent de soigner l'autre comme ils se soigneraient eux-mêmes.

Ils prodiguent des conseils qu'ils aimeraient se voir prodiguer et offrent des services tels qu'ils aimeraient se les voir offrir. Chacun de nous a en tête maints exemples de ces interventions amicales qui ne sont que la juste réplique de ce que la personne voudrait entendre pour son propre compte. Ces réflexions la concernent, mais ne nous concernent pas. Elles ne sont d'aucune aide.

« Moi, si j'étais toi, je ferais... » « Justement tu n'es pas moi, pourrions-nous répondre. Tu ne l'as jamais été et ne le seras jamais. Moi c'est moi, toi c'est toi. Ce qui est bon pour toi ne l'est pas pour moi. Mon histoire n'est pas la tienne. Mais tu peux m'aider, me comprendre, m'accompagner dans le cheminement de ma pensée et de ma vie. J'ai besoin de toi, de ta tendre et chaleureuse attention pour m'exprimer, mettre au clair mes idées et trouver ensuite, par moi-même, la bonne réponse. » Nous n'avons pas besoin de celui qui prétend être le même, mais nous avons besoin de l'autre, en tant qu'autre.

Un autre qui nous accompagne, nous aime et nous soutienne. « Avant je me tournais vers ceux qui me donnaient des interdits ; maintenant, je vais vers ceux qui m'encouragent, m'aident à aller de l'avant, à persévérer dans la voie que j'ai choisie. Je me détourne des autres. » Il faut s'éloigner de ceux qui réveillent des doutes et des inquiétudes dont nous cherchons à nous libérer. On doit rester vigilant. Accepter notre fragilité nous donne le pouvoir d'agir sur elle. Vouloir l'ignorer c'est la faire triompher : notre fragilité est plus forte que nous.

Il nous faut connaître les circonstances susceptibles de raviver nos blessures. Et ne pas nous aventurer dans des sentiers trop éloignés de notre désir. Ne nous étonnons pas alors de ressentir des douleurs et des malaises. Parfois, nous en oublions l'origine. Nous subissons les conséquences de nos actes sans en comprendre les causes. Nous nous plaignons de ce que nous avons provoqué, alors que nous sommes les artisans de notre propre mal-être.

Nous devons apprendre à nous connaître suffisamment pour savoir dans quelles *galères* il est préférable de ne pas nous embarquer. De ne plus nous embarquer. Si nous avons l'estomac fragile, nous savons qu'il est préférable d'éviter un certain type d'aliment. Et si, par inadvertance, nous avons réveillé une douleur à son endroit, nous prendrons ce qui fera office de pansement. Nous serons désormais encore plus attentifs à notre alimentation.

Il en va de même pour notre psychisme. Certaines situations ne lui sont pas bénéfiques. S'il est relativement facile de prendre des précautions concernant une partie du corps que nous savons fragile, il n'est pas toujours aisé de savoir ce qui provoque un sentiment d'angoisse. Sans connaître la cause, il est difficile de se soigner.

Tout l'art est d'agir de façon préventive. Avant de se trouver envahi d'une émotion si intense que nous perdons toute clairvoyance. Avant de tomber dans le piège de cette ignorance de nous-mêmes qui nous amène à nous retrouver dans le fossé pour n'avoir pas voulu voir, une fois de plus, ce que nous aurions pu voir avec un peu plus de lucidité.

Or cette lucidité, nous pouvons, nous devons l'acquérir, avec le temps. Qui ne sait, avec plus ou moins de clarté, ce qu'il doit et ne doit pas faire ? Mais l'instant de ce savoir peut être très fugitif, à peine perceptible pour qui ne prend pas le temps de l'entendre, de s'y arrêter et de le prendre en considération. Au lieu de cela, le plus souvent, nous fuyons. Notre vie se déroule à un rythme tel que l'on n'a plus une minute pour s'écouter, plus aucun laps de temps pour converser avec soi-même.

Il faut se mettre en situation de *s'entendre* : être dans un état de calme suffisant pour que viennent à l'esprit les bonnes réponses aux bonnes questions. Nous pouvons être notre propre guide, pour nous-mêmes notre meilleur guide.

1. *Je descends la rue.*
Il y a un trou profond dans le trottoir :
Je tombe dedans.
Je suis perdu... je suis désespéré.
Ce n'est pas ma faute.
Il me faut longtemps pour en sortir.

2. *Je descends la même rue.*
Il y a un trou profond dans le trottoir :
Je fais semblant de ne pas le voir.
Je tombe dedans à nouveau.
J'ai du mal à croire que je suis au même endroit,
Mais ce n'est pas ma faute.

3. *Je descends la même rue.*
Il y a un trou profond dans le trottoir :
Je le vois bien.
J'y retombe quand même... C'est devenu une habitude.
J'ai les yeux ouverts.
Je sais où je suis.
C'est bien ma faute.
Je ressors immédiatement.

4. *Je descends la même rue.*
Il y a un trou profond dans le trottoir :
Je le contourne.

5. *Je descends une autre rue...*

Portia Nelson*

Dans l'acte de vivre

Mon métier et mon art, c'est vivre.
MONTAIGNE

Nous sommes en perpétuel devenir. Nos actes ponctuent notre vie et parlent bien mieux de nous que nous pourrions le faire, avec des mots. Dire : « C'est ainsi que je suis, c'est ainsi qu'est ma vie », ce n'est pas comme parler de ce que l'on fait, ni de ce que l'on vit. Cela sous-entend une distance qui nous met en dehors de notre existence, éloigne de la vie. Le regard sur sa vie conduit au regret et au découragement, alors qu'être dans l'acte et la sensation implique d'être toujours en mouvement. Et la vie, c'est le mouvement.

* Cité dans Charles L. Whitfield, *Healing the Child within* (Orlando, F.) : Health Communications, 1989.

Les actes du passé, sur lesquels nous pourrions nous pencher avec satisfaction ou regret, appartiennent à un temps révolu. Il en est ainsi de l'amour et l'amitié : ont-ils une existence propre, indépendante de notre réalité présente ? Il est des liens qui restent en suspens. Nous pensons à ceux que nous avons perdus de vue ; comme nous pouvons imaginer qu'ils pensent à nous. Nous les avons aimés, parfois les aimons encore, mais ils ont *disparu de notre vie.* C'est l'occasion d'une nouvelle rencontre avec eux qui redonne vie à cette histoire. Mais que dire d'un sentiment qui ne se vit pas, qui ne se vit plus ?

De même, des désirs restent suspendus à notre bon vouloir de les mettre en actes ; certains talents abandonnés au bord de la route, on ne sait pourquoi, mais que l'on espère pouvoir un jour exprimer. Nous pouvons nous conforter dans la conviction d'une vie imaginaire qui aurait dû être la nôtre ou qui devrait encore l'être quand surviendra le moment propice d'agir comme nous le souhaitons. Ces actes, tant qu'ils restent regrets ou espérances, ont-ils une réalité, ont-ils un sens ?

Si je prends mon exemple, mon métier d'analyste, mes livres font partie de ce que je suis. Si je m'arrête de travailler, si je n'écris plus, ni l'un ni l'autre n'ont pour moi d'existence. J'ai la chance d'avoir des livres qui continuent à vivre leur vie, mais c'est bien de la leur et non de la mienne qu'il s'agit. Même si, pour continuer à écrire, je m'appuie sur l'accueil qui leur a été fait, m'importe avant tout ce que j'écris maintenant. La pensée de faire partager mon chemin me donne la force nécessaire pour poursuivre mes réflexions, m'encourage et me soutient.

Mais le chemin est aride et solitaire. Le choix n'est pas celui du confort. Cela serait plus distrayant, selon le sens étymologique de la distraction — *tirée en sens divers* — de m'abandonner à d'autres centres d'intérêt qui me reposent de moi-même et mettent corps et esprit en mouvement vers l'extérieur. Il me serait plus agréable d'être ailleurs, hors de mes pensées, libérée de ce regard obligé qu'apporte l'écriture sur son monde le plus intime.

Je ressens néanmoins la nécessité d'être là. C'est là qu'est mon chemin. Ma conviction intime est que je dois me rassembler dans cette réflexion qui aboutit à ces lignes. Il me faut trouver les mots pour dire, pour transmettre, les mots justes qui correspondent à une idée qui est juste. C'est dans ce travail que je me sens bien. Ailleurs, je me sentirais hors de mon contrat. Avec qui, je l'ignore. Mes parents jouent un rôle important, sans aucun doute. Mais, bien au-delà d'eux, j'ai le sentiment profond, depuis longtemps, qu'il me faut œuvrer dans ce sens. C'est ainsi que ma vie prend son sens.

On utilise le même mot pour dire la signification, la valeur d'une vie, et la direction que prend un mouvement, une activité. Nous trouvons de la valeur à une vie quand nous savons quelle direction prendre. Inversement, nous ne lui trouvons aucune valeur quand nous sommes dans le doute. « Que dois-je faire, qu'aurais-je dû faire ? » est une question qui revient sans cesse. Accompagnée de la douleur qu'elle entraîne, elle est un grand motif de consultation. Cette question est à l'origine du deuil d'une vie idéale.

Une fois en paix avec ce que l'on veut faire de sa vie et ce que l'on en fait, la douleur est celle du travail à accomplir. Cette douleur est inhérente à tout acte ; elle est acceptable et, par conséquent, supportable. Nous savons pourquoi nous sommes là, comme nous savons passagères les affres consécutives à notre démarche. Elles sont de peu d'importance comparées à la souffrance qui est celle de ne pas être en accord avec ses choix.

Quand, pour reprendre l'exemple de l'écriture, j'ai la sensation d'avoir trouvé les mots qui traduisent le mieux ma pensée, d'avoir construit ma phrase de telle sorte que cette pensée puisse être transmissible, d'y ajouter l'exemple qui lui permettra d'être mieux comprise, je suis récompensée de mes efforts. C'est une délivrance, une satisfaction profonde qui, de phrase en phrase, m'encourage à poursuivre.

Il en est ainsi pour toute activité. Je ne crois pas à la paresse. Je crois qu'il nous faut un jour ou l'autre surmonter nos inhibitions à agir. Le travail d'une psychothérapie consiste à trouver, pour chacun, son chemin ; ensuite se donner le droit et les moyens de le suivre. *Son* chemin, et celui de personne d'autre. Sans regarder à gauche et à droite comment les autres font, se réjouissant de les voir mal faire, ou sans oser se l'avouer, souffrant de les voir bien faire. Son chemin, car il est écrit dans la Bible : « Dans chaque être, il est un trésor qui ne se trouve en aucun autre. »

Le bonheur est déjà là, dans le chemin à parcourir. Même après avoir réalisé ce que nous avions à réaliser, le chemin se poursuit, doit inexorablement se poursuivre. L'essentiel est de s'inscrire sur ce chemin : de parcourir les joies et les deuils, les rencontres et les manques, les victoires et les doutes. Il nous faut avancer. Un proverbe africain nous dit : « Si tu recules, tu dois mourir. Si tu avances, tu dois mourir. Alors, pourquoi tu recules ? »

Nous devons cultiver ce que nous avons de plus cher : la liberté d'être et de faire. Elle n'est pas, comme certains le croient, donnée à certains, ôtée à d'autres. La liberté nous est donnée, à chacun de nous, mais nous n'avons de cesse, en toute occasion, de l'aliéner. Il nous faut la retrouver ; l'arracher aux pièges de nos angoisses, souvent injustifiées. Elle se conquiert, se bataille, demande que l'on œuvre pour elle.

Si, dans un domaine ou dans un autre, on a le sentiment de ne pas être là où l'on devrait être, faut-il s'enfermer dans le désespoir ? Cette étape est nécessaire pour chercher, pour approfondir, pour avancer. Les étapes d'élaboration ou de déconstruction sont indispensables ; les refuser, c'est s'interdire toute possibilité de parvenir un jour à trouver sa voie. C'est taire la créativité qui est en chacun de nous et que nous devons aider, de toutes nos forces, à s'épanouir.

Il est un temps pour chaque réalisation de notre vie. À tout vouloir, tout de suite, on piétine sur une surface de plus en plus réduite, on creuse plus qu'on avance, on s'impatiente au lieu de progresser. J'ai tant vu de ces moments arrêtés où regarder sa vie procure un sentiment d'incomplétude, de désespoir : l'envie vous prend d'en pleurer. La frustration est telle qu'il devient impossible de s'ouvrir pour laisser entrer ce qui pourrait apporter un plaisir inattendu. On ferme les portes à toute concrétisation possible des rêves que nous portons en nous.

J'ai accompagné ces tristesses extrêmes. J'ai traversé ces zones de désert. Ces périodes sont pour certains de courte durée ; pour d'autres désespérément longues. Peut-on dire de ces derniers qu'ils sont inguérissables ? ou prennent-ils le temps de guérir ? Certains doivent parcourir un long chemin avant de se poser là où ils jugent bon de l'être. D'autres se découragent dès que leurs efforts ne sont pas récompensés : ils espéraient une réponse qui devait être immédiate. Ils s'installent dans des aires de repos ; peut-être y trouvent-ils un certain confort. Mais ils ont mis un terme à leur évolution.

Il faut parcourir un long chemin pour se trouver. Certains se plaignent de voir leur vie stagner ; ils ne cessent de se lamenter. Enclins à l'autoaccusation, ils sont prolixes en adjectifs pour traduire le regard négatif qu'ils portent sur eux-mêmes : « Je suis stupide », « Ma vie est nulle », « Je rate tout ce que j'entreprends ». Considérations qui, par le fait d'être exprimées, peuvent soulager, mais qui ne mènent à rien. Dire que l'on n'avance pas n'a jamais permis d'avancer. Au contraire, c'est un excellent moyen de se maintenir dans le non-agir. Et de ne rien réussir.

Ces derniers souffrent d'être enfermés dans une situation qui leur déplaît, mais également de leur incapacité à réagir. Leur malaise ne fait alors que croître. Ils assistent, impuissants, à la dégradation de leur santé, de leur vie, de leurs relations. Que n'ont-ils fait ce qu'ils auraient dû faire ? Que faire maintenant ? Où se diriger, où orienter leur réflexion ? Envahis par le doute, ils perdent dans leurs perpétuelles hésitations les forces nécessaires pour mener à bien leurs projets. Ils perdent l'idée même d'un éventuel projet.

Que s'est-il passé qui soit venu bloquer leur route et l'obscurcir d'un épais brouillard sans la moindre lueur ? D'où vient cette soudaine infirmité à vivre ? Que faire, une fois perdu, pour retrouver son chemin ? Il est difficile d'avoir l'espoir d'un monde meilleur, quand tout ce qui se vit se vit douloureusement et quand tout ce qui est à vivre éveille, ne serait-ce qu'en y pensant, d'autres peurs et de nouvelles angoisses. « Il faut vivre avec quelque chose que l'on a en soi ; mais quand on a que de la douleur ! » disait une femme. Quand la souffrance s'installe, seule l'intervention d'un autre peut rompre ce système dont les effets ne cessent de s'aggraver.

Moi qui les écoute, je sais que la situation n'est pas dramatique. Ce n'est pas le fait d'un optimisme à toute épreuve. Mais j'ai vu tant de situations considérées sans issue trouver leur dénouement que j'ai la certitude pour eux d'une souffrance passagère. J'ai vu tant de larmes et de désespoir laisser la place au rire et à la joie de vivre que j'ai cette confiance qu'ils ont perdue. Je peux leur transmettre la force de continuer à lutter pour un mieux-être auquel ils ne croient plus.

Il faut du temps, de la patience ; et il faut apprendre à croire en soi. Combien ai-je rencontré de jeunes gens désireux de réussir, mais qui ne se donnaient pas les moyens d'y parvenir ? Ils se refusaient à entreprendre les études nécessaires pour mettre à profit leurs talents. « On est doué ou on ne l'est pas. » « Cela ne sert à rien de faire des études. Quel intérêt de s'imprégner de ce que les autres ont fait : ne vont-ils pas déformer ma propre vision des choses ? Et puis rien ne vaut d'avoir sa propre expérience ; j'ai envie de parcourir le monde. » « Pourquoi m'enfermer dans des études dont je n'ai pas la certitude qu'elles me soient vraiment utiles ? » Voilà ce qu'ils disaient, convaincus d'être incapables de réussir.

Je ne les ai pas laissés faire. J'ai combattu pour eux, avant qu'ils combattent pour eux-mêmes. Je les ai contraints à se confronter à la difficulté de faire, d'avancer, de progresser. Ils ont entrepris des études sérieuses ; autrement dit, ils ont pris leur travail au sérieux. Et ils se sont pris au jeu de la réussite : il se sont donné comme défi personnel de faire le mieux possible ce qu'ils avaient à faire. C'est ainsi, et non dans une attente passive, que l'on peut éprouver le bonheur intense de découvrir ce que l'on est capable de faire. Toute construction se fait progressivement : une pierre après l'autre. Un chemin se fait pas à pas.

5

Le don de vivre

Le vent se lève !... Il faut tenter de vivre.

Paul VALÉRY, « Le cimetière marin »

Notre vie nous appartient

Reviens à toi-même et regarde : si tu ne te vois pas encore toi-même beau, fais comme le sculpteur d'une statue qui doit devenir belle : il enlève, il gratte, il polit, il nettoie, jusqu'à ce qu'il fasse apparaître un beau visage dans la statue. Toi aussi, enlève tout ce qui est superflu, redresse tout ce qui est tortueux, nettoyant tout ce qui est sombre, rends-le brillant, et ne cesse de sculpter ta propre statue, jusqu'à ce que resplendisse pour toi la divine splendeur de la vertu.

PLOTIN

Nous ne sommes pas étrangers à notre vie : il nous est donné de la rendre belle. Si elle ne correspond pas à ce qu'on en attend, interrogeons-nous. Des difficultés se répètent, qui semblent nous être imposées par notre environnement extérieur ? À nous de voir ce qu'elles reflètent de nos conflits intérieurs. Ce qui pose un *problème* avec notre entourage, dans quelque domaine que ce soit, nous indique un travail à faire dans cette direction. Un travail avec l'autre ; avant tout un travail sur nous-mêmes.

Souvent, nous pensons : « Pourquoi cet autre agit comme il le fait ? Qu'ai-je fait pour qu'il agisse ainsi ? Que puis-je faire maintenant pour qu'il agisse autrement ? » Naît ainsi un problème, une interrogation qui prend l'aspect d'une obsession. La question devient le centre de nos réflexions et finit par être plus importante que ne l'est la relation. On ne voit plus chez l'autre qu'une question qu'il nous faut résoudre.

L'importance qu'il prend dans notre esprit est proportionnelle au problème qu'il nous crée. Celui qui occupe nos pensées n'éveille pas toujours une estime telle qu'elle puisse justifier la place que nous lui donnons. Pourquoi sommes-nous si concernés par ce qu'il a pu faire ou dire ? Pourquoi lui donnons-nous tant de pouvoir sur nos états d'âme ? Qu'attendons-nous de lui qu'il ne nous donne pas ? On peut affirmer ne plus aimer qui continue cependant à envahir nos pensées.

L'être humain se préoccupe souvent davantage de qui le fait souffrir que de qui le satisfait. Il trouve là l'occasion de se confronter à lui-même, à sa vie, son passé, son histoire. L'autre *n'existe pas* : il est prétexte à comprendre, puis guérir de ce qui fait souffrir. Il a pu réveiller d'anciennes blessures ; n'est-il pas capable de les soulager ? Les pensées s'orientent vers lui, mais ne s'attachent qu'à la souffrance qu'il a provoquée. On croit être attaché à l'autre ; on est *attaché* à *sa* propre souffrance.

Dans les conflits qui nous opposent à l'autre, nous cherchons à résoudre des chagrins et des insatisfactions dont nous ne sommes pas guéris. La douleur est telle que le comportement de l'autre devient, selon qu'il agit ou non comme il nous convient, question de vie ou de mort. Une blessure d'amour nous entraîne, souvent dans l'urgence et le désespoir, à prétendre guérir par le pouvoir d'un autre, et par lui seul.

Cet autre, puisque nous l'aimons, n'a-t-il pas des devoirs envers nous ? Cette approche de l'amour est à l'origine de souffrances et de malentendus. Déjà la mère fait de son enfant, objet d'amour *qui lui appartient*, un objet de culte et d'appropriation qui dépasse les besoins de l'enfant. « Mon bébé » est une expression qui perdure bien après que le bébé n'en est plus un : une invitation que la mère se donne à assouvir son propre besoin d'aimer et d'être aimée. À l'enfant grandissant et en quête d'autonomie, la mère réclame un amour qui lui semble dû, *puisqu'elle aime*.

L'enfant, puis l'adulte, va agir de même : dès qu'il aime, il pense que l'autre doit agir conformément à ses désirs. Quand il rencontre l'être aimé, ses souhaits sont le plus souvent exaucés. Ensuite les vieux démons réapparaissent : il souffre de constater que l'autre n'est plus ce qu'il était, ce qu'il pense devoir être. Il est face à un dilemme : doit-il continuer à l'aimer malgré ce qui ne lui convient pas, ou doit-il le quitter puisqu'il ne lui convient pas tel qu'il est ? Pour ne pas avoir à y répondre, il décide qu'il vaudrait mieux que l'autre devienne, ou redevienne, tel qu'il désirait qu'il soit. Commence alors une bataille avec la réalité de ce qu'est l'autre, avec ce qui est sa réalité de vie au quotidien.

Il rentre en conflit avec lui-même, par le biais du conflit avec l'autre : il est envahi par cette interrogation incessante sur ce qu'il faut faire ou ne pas faire, partagé entre plusieurs directions à prendre dont aucune ne le satisfait. Il lui serait tellement plus agréable de s'installer dans une relation durable, œuvrant avec l'autre dans le même désir de construction : la réalisation d'une vraie relation. Celle dont il a toujours rêvé et dont il pense, si elle devient réalité, qu'elle le fera vivre.

Or une relation fait vivre tant qu'elle porte la vie en elle. Dès que le doute s'installe, tout ce qu'elle comportait de léger, gai et pétillant n'est plus que lourds reproches et attentes déçues. Ceux qui espèrent un comportement, une réflexion, un geste bien précis, ne laissent pas l'histoire exister en dehors des normes qu'ils ont définies avec force et rigidité. L'autre est pris dans le filet de leur anxiété et des exaspérations qu'elle fait surgir à la moindre contrariété. Il n'a pas d'autre alternative que d'agir pour plaire, ou pour déplaire.

Obéissant à une dichotomie simplificatrice, il est dans leur camp ou dans celui de l'ennemi : celui qu'il faut adorer ou tuer. Surviennent des scènes et autres expressions de violence qui donnent à la relation une apparence de vie, mais qui sont à plus ou moins long terme un début de mise à mort. Certains s'y complaisent : ils trouvent matière à nourrir de vieilles rancunes. Seule la violence peut être le ciment qui maintient ensemble deux individus en rupture avec eux-mêmes.

À détester l'autre, ce sont eux-mêmes qu'ils détestent. Comme ils détestent leur vie : la vie avec qui ils affirment *ne pas pouvoir vivre*. Ils ne peuvent se reconnaître dans un autre qu'ils ne reconnaissent pas comme celui ou celle qui peut partager leur vie. Ils sont en décalage perpétuel entre ce qu'ils désirent vivre et ce qu'ils vivent.

L'autre n'est jamais parfait, ni la relation idéale. Mais n'est-il pas un temps où il est bon d'être en accord avec ce que nous avons choisi de vivre. Sous prétexte d'un choix qui doit être *le* choix, certains persécutent leur partenaire : ils sont obnubilés par ce que ce dernier n'est pas et qu'il devrait être. Des imperfections qui auparavant étaient négligeables deviennent, dès lors qu'il est *leur* compagne ou compagnon, le centre d'une préoccupation obsessionnelle et destructrice. Ils veulent faire disparaître au plus vite ce qui apparaît comme une déviance à la ligne de vie qu'ils s'étaient fixée.

L'autre, objet d'amour, est une question quotidienne. Et l'histoire d'amour, devenue une énigme, n'appartient plus à la réalité : elle est l'objet d'une réflexion continuelle plus qu'elle n'est vécue. Ils doutent d'eux et des sentiments de leur partenaire. « Il dit qu'il m'aime, mais n'agit pas en conséquence. » Ils sont à la fois dans le deuil d'une relation impossible et le projet d'une relation potentielle dans un futur improbable. La relation ne vit plus.

Refuser la réalité telle qu'elle nous est donnée à vivre nous met en dualité avec nous-mêmes. C'est à nous que nous renvoyons la question de savoir s'il nous faut accepter ou non ce qui ne nous convient pas, ou ne nous convient qu'*en partie*. Si le refus se portait sur le tout, nous n'aurions aucune difficulté à nous décider. L'hésitation tient au fait qu'il nous est aussi difficile de partir que de rester. On aimerait garder ce qui nous convient et transformer ce qui ne nous convient pas.

« Je veux vivre avec toi, mais je veux que tu sois un autre » : autant demander à une pêche qu'elle ait la forme d'un abricot et le goût d'une cerise. Autant demander à l'autre, et par conséquent à soi-même, l'impossible. Dans la mesure où l'une des deux propositions n'est pas conciliable avec l'autre, comment ne pas se trouver en situation de conflit ? À vouloir ce qui n'est pas, on s'interdit de vivre.

Si nous n'appréhendons pas l'autre dans sa globalité, si nous le voyons non comme un tout mais comme une juxtaposition de réalités dont nous gardons certaines pour en rejeter d'autres, nous sommes nous-mêmes confrontés à des réalités contradictoires qui nous empêchent d'agir. Nous sommes partagés par des élans qui nous entraînent dans des directions opposées ; rien ne peut nous satisfaire. Nous ne pouvons créer des liens d'amour en niant une part de ce qu'est l'autre. En niant, par conséquent, ce qu'il est.

L'ambivalence est présente dans tout sentiment, mais l'acceptation globale de ce qu'est la personne doit cependant prévaloir, au moins dans un temps donné, pour se donner la liberté d'aimer. L'acceptation de l'autre, c'est l'acceptation de soi. En se fermant à ses propres sentiments, on croit se protéger de ce qui nous fait souffrir. Or on ne se met pas à l'abri des actes indésirables de l'autre ; on se met dans l'incapacité de le rendre désirable à nos yeux. On est dans l'incapacité d'aimer. Et l'amour n'est plus que douleur.

Le désir, dans sa complexité, peut mettre en situation de fuite. « Je te désire, mais je ne devrais pas », « Le désir que j'ai pour toi m'empêche de vivre », « Malgré le désir que j'ai pour toi, il m'est impossible de vivre avec toi ». Ceux qui disent « c'est impossible » traduisent des empêchements à vivre qu'ils s'imposent à eux-mêmes. Ils se veulent raisonnables ; mais ce sont les peurs qui ont eu raison d'eux. Ils aimeraient être certains de ne pas souffrir. Ils sont toujours prêts à fuir.

Ils tournent leur regard ailleurs. Passé, présent, futur, d'un amour passé à un amour potentiel, pourvu que l'espoir reste dans le champ de l'impossible, ils sont prêts à y courir. Qu'il devienne possible et les peurs reviennent. Que d'amoureux empressés s'éloignent soudain face à un « oui » ; tandis que d'autres ne savent se réjouir que d'un « oui » qui se fait attendre. On regrette, on espère, on voudrait, on aimerait tant. Oui, mais quand ? Une seule certitude : pas maintenant. Ce qui est à vivre, ils ne le vivent pas.

Il nous faut éprouver le sentiment d'être un. Un avec notre désir. Un avec notre vie. À éprouver trop de doutes, on n'est jamais là où l'on est. Tout ce qui est vécu est comparé avec ce qui *aurait pu* l'être. On n'accepte pas ce que l'autre est prêt à nous apporter. En prenant le bonheur qu'il nous donne, nous lui en donnons à notre tour. Laissons-le nous offrir du plaisir et vivons-le pleinement. Qu'importe le temps que cela durera, au moins aurons-nous vécu ce que nous avions à vivre.

Laissons-nous vivre. Laissons-nous être heureux. Cessons ce rêve d'un bonheur imaginaire qui nous le rend impossible à vivre. Il nous isole de nous-mêmes et des autres. Il nous interdit d'être là, dans la totalité de nos sens et de nos affects. Il fait vivre dans *l'à côté*, *l'à peu près*, *le presque ça*. Il laisse entrevoir l'idée de ce que la vie pourrait être, sans jamais donner à vivre ce qu'elle est. Apprenons à aimer ce qui nous est donné à vivre.

Le bien-être est un état d'esprit. Il n'est pas conditionné par des circonstances extérieures. D'autant que rares sont, à un moment donné et sur tous les plans, les bilans positifs d'une vie : amour, santé, matériel. Et faudrait-il que tout soit parfait pour que nous puissions, enfin, nous sentir bien ? On croit, à tort, qu'il existe une adéquation évidente entre les signes extérieurs d'une réussite et le bonheur de vivre : que le bien-être est l'effet d'une réflexion raisonnable qui s'appuierait sur des faits objectifs. La sensation de bonheur n'obéit pas à des lois qui seraient semblables pour tous. Le bonheur, comme le malheur, échappe bien souvent à la raison.

Qui ne s'est senti malheureux tout en énumérant les motifs qu'il pourrait avoir d'être heureux ? « Je ne comprends pas ; je n'ai vraiment pas à me plaindre. J'ai une femme que j'aime, des enfants en bonne santé, un métier qui me convient parfaitement. Mais, ça ne va pas. » Peu importe ce que nous vivons, si nous le vivons mal. Quelle valeur donner à des instants de rêve si nous éprouvons un mal-être qui nous interdit de l'apprécier ? L'essentiel n'est pas tant ce que nous vivons que la façon dont nous le vivons.

C'est notre état intérieur qui favorise la survenue d'événements positifs. Comme le mal-être peut entraîner une suite ininterrompue de contrariétés. Une journée qui commence mal risque de mal se terminer. Non par une fatalité de coïncidences dont nous serions victimes, mais parce que notre mal-être allant croissant, il engendre de plus en plus de situations négatives. Ces dernières agissent à leur tour sur notre humeur déjà maussade. Le malheur engendre le malheur.

Il suffit d'inverser le cours de nos humeurs pour voir que nous pouvons faire changer, à notre avantage, le cours des événements. Il suffit, non de le décider — ce serait plus simple si nos humeurs pouvaient nous obéir — mais déjà d'en faire le constat. Quand nous sommes d'humeur joyeuse, tout ce qui nous entoure nous apparaît sous son meilleur jour. Qu'il fasse soleil et nous sortons lui rendre hommage ; qu'il pleuve ou qu'il vente et nous sommes prêts à danser sous la pluie. Nous sommes, comme dans une comédie musicale, légers et pleins d'entrain.

Chante et danse, ma vie

Je veux vivre comme un cristal, je m'en briserai, peut-être.
Françoise DOLTO

Celui qui *croit* est habité par la foi : une et indivisible. Entière, absolue, ignorante du doute et de la demi-mesure. Il est dans cette certitude d'une lumière infinie qui le guide à chaque instant, relié à un grand tout qui le dépasse et l'habite. Il est *habité*.

Il a la *présence* d'un acteur qui est tout entier dans son rôle. Lui aussi est guidé : inspiré par un texte qui n'est pas le sien, un personnage qui n'est pas lui. Il joue le rôle d'un autre ; et il est libérateur de jouer à être un autre. Dans les personnages qu'il incarne, il peut donner à voir ses états d'âme, sans que cela porte à conséquence. En vacance de lui-même, il peut exprimer ce qu'il n'oserait exprimer autrement : une vérité, une intensité, une profondeur dans les sentiments et les émotions.

Il nous faut passer par l'autre pour être soi. L'autre présent en nous par l'amour qu'on lui porte : qui nous inspire, nous soutient, nous réconforte. L'autre, en tant qu'autre, qui par sa présence et sa reconnaissance guérit des peurs, de l'abandon, de la solitude. Dans l'acte amoureux, dans l'acte de guérison, dans l'acte de création, nos pensées sont dirigées vers un autre prêt à recevoir ce que nous lui donnons. Nous ne pouvons nous révéler autrement que dans cet échange. Dans le dialogue et le partage. Nous ne pouvons trouver l'unité qu'au travers de l'altérité.

Depuis notre naissance, le « je » n'a d'existence que dans la relation à l'autre. Un autre qui va tout au long de notre vie prendre des visages multiples. Nous vivons des histoires d'amour ; nous avons pour certaines à en faire le deuil. Puis nous en vivons d'autres et d'autres encore. Chaque histoire a son temps. Certaines sont faites pour durer ; d'autres, non.

Des rencontres nous rendent heureux, jusqu'au moment où le bonheur peut se transformer en malheur. Il faut savoir partir, se détacher ; ne pas regretter le bon, le cadeau qui nous a été fait. C'est déjà merveilleux, prenons-le. Gardons-le précieusement, il ne s'en ira plus. En insistant pour le faire perdurer, nous finirions par le détruire. Rompre avec le bien-être est aussi difficile que de rompre avec le mal-être.

L'autre nous fait vivre, puis nous empêche de vivre. Nous sommes enfermés, comme nous l'étions avec nos parents, dans les limites de ce que nous nous croyons obligés d'être pour répondre à des attentes, contraints d'interpréter un personnage que nous ne sommes plus. Nous sommes conditionnés à rester les mêmes, à ne pas évoluer. Or nous évoluons, devons évoluer si nous ne voulons pas rester éternellement les enfants de nos parents. Nous devons prendre le risque de leur déplaire et même de perdre leur amour.

Mais nous ne le perdrons pas ; nous les aimerons, ils nous aimeront différemment. Ces deuils successifs de notre image idéale nous aident à grandir. Nous n'avons plus rien à craindre d'eux, car nous n'avons plus rien à craindre de nous face à eux. De même, nous ne souffrons plus de ce qu'ils sont, car nous n'avons plus à souffrir de ce nous sommes ou ne sommes pas vis-à-vis d'eux. L'enjeu est ailleurs. Nous avons notre vie à vivre.

On se détourne de ceux qui nous détournent de notre chemin ; ils n'ont plus le pouvoir de nous atteindre. Nous ne luttons plus contre celui ou celle qui ne veut pas notre bonheur, mais contre ce qui en nous joue le jeu de ceux qui nous font souffrir et fait alliance avec qui cherche à nous détruire. Nous ne voulons plus d'émotions destructrices, mais constructives, créatives, fondatrices. Elles sont belles ; elles sont la vie même. Nous pouvons alors nous ouvrir à de nouvelles rencontres qui nous enrichissent, non par leur multiplicité, mais par leur vérité, leur qualité, leur intensité.

Des rencontres, éphémères ou prolongées dans le temps, vont jouer un rôle déterminant pour notre avenir : pour ce qui est l'essence même de notre vie. Dans l'échange, dans l'altérité, nous allons découvrir ce qu'il nous est donné d'être et de vivre. Ces rencontres privilégiées sont source de vie, dynamisantes. On les reconnaît aux sensations qu'elles nous procurent. Nous sommes déstabilisés, bouleversés. Un bouleversement tel que l'on peut avoir envie de fuir.

Fuir ces rencontres, ce serait se fuir à jamais. Si nous osons affronter cette part de nous qui ne demande qu'à s'éveiller, et ce par l'intermédiaire d'un autre, éveilleur, nous découvrons des potentialités créatrices que nous ignorions jusque-là. Éloignons-nous de l'éveilleur et nous ne connaîtrons jamais cette part sublime qui existe chez chacun de nous. Nous ne connaîtrons pas cette joie de nous sentir libres dans nos actes et nos paroles. Pourtant, combien se croient libres en se sauvant !

Ces rencontres s'imposent comme une évidence ; elles diffèrent de celles qui ne sont qu'une distraction passagère. Elles font évoluer. On se sent devenir autre ; en allant plus loin dans l'expérience intime avec l'autre, on est confronté à ce que l'on ne connaît pas de soi. C'est par qui empêche de nous mentir que nous allons nous découvrir. Dans ce regard tourné sur nous-mêmes et non sur le monde extérieur, nous allons agrandir notre expérience personnelle et universelle.

La rencontre que j'ai faite avec le Dalaï-Lama en assistant à ses conférences — j'ai eu la sensation d'une *rencontre* alors que nous étions très nombreux à y assister — a eu pour moi de profondes résonances. Sa présence donnait à vivre un *état de grâce*. Un sentiment intérieur de bonheur, indépendant de tout fait extérieur. C'est l'état de la *non-attente* : dénués d'a-priori, notre disponibilité nous permet de recevoir au-delà de nos espérances. Libres de toute tension, nous ne sommes plus le jouet de nos peurs et de nos appréhensions. Nous sommes prêts à recevoir ce qui est bon et nous l'apprécions à sa juste mesure.

C'est l'expérience de la *synchronicité* : ce que nous souhaitons survient en temps voulu. Un fait inattendu répond à un souhait que l'on a ou non exprimé. Fait simple, qui n'entraîne aucune transformation radicale, mais suffit pour nous contenter : une rencontre, une proposition, un rendez-vous, un appel téléphonique, une conversation, une lecture... Les questions trouvent leurs réponses, les situations s'éclaircissent quand elles pourraient être conflictuelles. Tout s'enchaîne harmonieusement et sans heurts. Dans l'état d'esprit où l'on est, il suffit de peu pour nous satisfaire.

Qu'enseigne le Dalaï-Lama ? Il faut se référer à ses ouvrages. Mais rien ne peut remplacer une présence.

Rien ne peut rationnellement expliquer ce nouvel état d'esprit face à la vie. Ce qu'il transmet est au-delà des mots. La sensation que rien n'a de valeur intrinsèque, puisque tout est amené à changer, en permanence, communique une sensation de paix intérieure. Rien n'a une importance telle que nous devions nous y arrêter et y fixer notre attention jusqu'à nous rendre malades.

Ça n'a pas d'importance : c'est ce que m'a communiqué mon père dans les derniers instants de sa vie. Je voyais bien qu'il considérait comme superflus les petits tracas, les obsessions au sujet de tout et de rien qui nous gâchent des instants que nous pourrions vivre dans leur heureuse simplicité. Pourquoi les sentiments tels que la colère, la haine, la rage : l'autre en vaut-il la peine ? Pourquoi ne serions-nous pas comme celui qui, prêt à partir, ne voit plus de la vie que l'essentiel ? Nos passions d'être humains, capables de nous plonger dans des excès de bonheur et de souffrance, il m'en communiquait, par son regard, son regard silencieux, l'absurdité.

Au départ du Dalaï-Lama, j'ai éprouvé une grande émotion. Peut-être ai-je revécu le départ de mon père. Comme tous ceux qui étaient présents, je me suis surprise à *l'aimer* : il avait ouvert mon cœur, notre cœur, à un amour qui nous dépassait et dépassait sa propre personne. Un amour peu ordinaire, qui englobait le premier cercle que nous formions pour s'élargir dans un sentiment universel, intemporel. Ce qu'il nous a communiqué, à tous ceux qui, comme moi, étaient présents, n'est-ce pas, tout simplement, l'amour ?

Sans l'autre, sans les autres, que deviendrions-nous ? Sans leur amour, leur présence, leur tendresse ; mais aussi, sans d'autres points de vue, sans la différence, sans la complémentarité. Nous tournerions en rond, enfermés dans notre singularité comme dans une tour d'ivoire. Notre pensée, comme notre corps, a besoin d'air et d'oxygène. Elle doit se revivifier au contact du monde extérieur. Il lui faut être vivante.

Comment évoluer avec une pensée qui n'évolue pas ? Parfois, on entend des réflexions qui dénotent un état d'esprit moribond : elles traduisent sinon l'envie de mourir, tout au moins l'absence d'envie de vivre. Dans ces propos coexistent une désillusion sur ce que la vie peut apporter en même temps qu'une demande d'amour douloureuse ; un refus de croire en l'autre en même temps que le désir violent qu'un autre vienne enfin les guérir de cette incroyance. Considérant qu'ils ne sont rien, ils s'interdisent l'accès à ce qu'ils ont le plus besoin : une présence aimante et rassurante.

Quand le besoin de réassurance est intense, toute réponse semble insignifiante. L'enfant en perdition n'en finit pas de pleurer le mal qui lui a été fait, l'injustice et l'incompréhension dont il a été l'objet. Jusqu'au jour où il fait le deuil de l'image idéale des autres et peut accepter la réalité telle qu'elle est. Il affronte sa vie, n'attendant plus que lui vienne de l'extérieur ce qui ne peut venir que de lui. Se comportant en adulte, la vie lui donnera à vivre des expériences d'adulte. Il ne sera plus spectateur de sa vie ou de celle des autres. Il sera invité à entrer dans la danse de la vie.

Chacun sait, pour avoir accès à ces sensations, combien l'état amoureux est un état privilégié. Il transporte l'élu dans une délicieuse béatitude. Il a le pouvoir de le transfigurer : ne dit-on pas qu'il est lumineux, qu'il rayonne, qu'il resplendit. Il a reçu l'illumination, « cette lumière extraordinaire que Dieu répand dans l'âme d'un homme ». Sa vision du monde est, elle aussi, transfigurée : plus rien n'est semblable à ce qu'il était. Le regard qu'il porte sur sa vie, sur la vie, est empreint de cette lumière, de cette grâce qui l'habite. Il est beau, autant que la vie est belle.

Cette lumière et cette grâce sont communicatives. Au contact de ceux qui sont heureux, nous sommes pleins de cette joie de vivre qui est la leur et nous pouvons la transmettre à ceux qui nous entourent. Comme s'ils nous donnaient, ne serait-ce que par leur présence, ce merveilleux cadeau qu'ils ont reçu de la vie. Nous rendons possible, ensuite, d'autres rencontres, de belles rencontres. Il suffit de si peu pour créer du bonheur : un geste aimable, un mot tendre, une main tendue, un sourire. Quand nous sourions, le monde nous sourit.

Le cœur plein d'amour, nous affrontons la vie autrement. Nous sommes libérés du poids de nos rancunes. Ce qui était source de souffrance, désormais ne l'est plus. Nous sommes vierges de tout passé douloureux, en paix avec l'univers. Nous pouvons aller vers l'autre, sans limites, sans entraves. N'étant plus pour nous-mêmes un ennemi, nous ne craignons plus de l'autre qu'il en soit un pour nous.

Nous n'avons plus besoin de développer sans cesse des mécanismes de défense. D'autant que ces derniers nous protègent rarement de la douleur, tandis qu'ils nous isolent du monde et de ses bienfaits. L'ouverture du cœur ne nous fragilise pas face à l'agression ; elle nous rend, au contraire, plus sensibles à toute forme de sensation. Quand on s'ouvre à la vie, elle nous ouvre les bras.

Pourquoi ne serions-nous pas amoureux de la vie ? Dans un état de grâce, sans attendre d'un autre bien précis qu'il nous y convie. Sans dépendre de la bonne volonté d'autrui d'être comme il nous convient pour jouir de la vie. L'émotion peut surgir à l'occasion d'une rencontre fortuite avec ce qui a pour nous une valeur esthétique, dramatique ou humoristique. Nous sommes touchés par un fait, une image, un mot, une attitude.

Notre propre état de réceptivité nous permet d'être sensibles à ce qui, dans d'autres circonstances, nous aurait laissés indifférents. Un maître hindouiste disait que, pour éprouver des grandes émotions, certains ont besoin de voir les chutes du Niagara, d'autres une goutte de rosée matinale sur une fleur. À nous d'être ouverts à ce qui nous est donné à voir, à entendre, à vivre.

Certains ont toujours le sourire, alors que leur vie, s'ils venaient à la décrire, n'est pas une vie dont on pourrait rêver. Eux-mêmes sont parfois surpris de se sentir si bien alors que leur vie ne ressemble pas à ce qu'ils en attendaient. Ils se contentent d'être dans ce qu'ils font et prennent à chaque instant ce qui est bon à prendre. S'arrêteraient-ils pour regarder leur vie, ils savent que ce serait déjà du passé. Le bonheur est un état présent.

Maintenant, je peux me réjouir de tel succès, de tel acte, de telle situation. Demain qu'en sera-t-il ? La joie qui remplit mon cœur me donne la sensation d'avoir accompli ce que j'avais à accomplir, me montre que je suis, au moins pour l'instant, sur le bon chemin. La joie d'être là n'est pas éternelle, mais elle procure un sentiment d'éternité. Wittgenstein a dit : « Si on entend par éternité, non pas une durée temporelle, mais l'intemporalité, alors celui-là vit éternellement qui vit dans le présent. »

Si l'on accepte ce qui est, alors pouvons-nous voir ce que cette réalité est susceptible de nous apporter : jouir de ce que la vie nous donne à vivre. Les philosophies orientales insistent sur la notion d'acceptation. Fatalisme pensent certains, une sagesse bien ennuyeuse selon d'autres, capitulation, soumission, abnégation. Simplement — si on peut dire, car elle est beaucoup plus complexe qu'elle n'y paraît — une réflexion d'une logique irréfutable et qui tend à nous éviter de souffrir là où nous sommes les artisans de notre malheur. Une phrase du Dalaï-Lama m'a toujours fait sourire : « Quand il y a un problème, il ne faut pas s'en faire. Soit il y a une solution et nous la trouverons ; soit il n'y en pas et alors pourquoi s'en faire ? »

Nous avons devant les drames de notre vie des ressources qu'il est toujours temps de découvrir quand nous y sommes obligés. Nous y faisons face, nous n'avons pas le choix. Pour ce qui est le propre de l'être humain, ses contradictions, sa lutte permanente contre l'ennui, le besoin de donner un sens à sa vie, des hommes de tout temps pensent pour nous, avec nous. Ils tentent de donner des réponses sur la douleur de vivre, la peur de la mort. Une phrase, un mot peuvent nous remettre sur le sillage. Nous avançons plus légers, plus sereins.

Nous trouvons la force de repartir ; nous ne nous sommes plus seuls. Des mots font écho à ce déchirement intime que nous pensions être seuls à vivre. Nous existons puisqu'il est écrit que ce que nous ressentons existe aussi pour d'autres. Notre douleur de vivre y trouve une légitimité. Accompagnés dans notre désespoir, nous retrouvons de l'espoir. Nous reprenons contact avec ce chemin de vie que nous avions perdu : nous nous étions nous-mêmes perdus dans le rêve d'une autre vie, une vie imaginaire. Une vie qui n'était pas la nôtre.

Giraudoux a écrit : « Nous sommes chez les humains. Que je sois malheureuse ne prouve pas que je ne sois pas heureuse. » Soyons dans la vie, n'ayons pas peur de vivre : de rire et de pleurer. Les larmes sont là pour nous laver les yeux et nous permettre d'y voir plus clair.

Elles sont témoins d'une sensibilité vivante, de ces sentiments qui font de nous des êtres vivants. Et le rire n'est-il pas le plus beau chant de l'homme ? Le rire est bonheur partagé. Mais il est aussi un rire intérieur qui nous fait regarder la vie et nous en amuser.

Cette vie, notre vie, apprenons à l'aimer. Une fois pour toutes ; pour en jouir, ensuite, au fur et à mesure. Accordons-nous le temps et la liberté de trouver ce qu'il nous faut aimer, chérir, privilégier. Le choix s'imposera de lui-même si nous sommes en confiance. Rien n'est acquis : tout reste à recréer, à inventer, à innover. Les instants changent, imprévisibles : nos plaisirs, nos désirs s'y adapteront. Mais ce qui dépend de nous, à nous de lui donner vie. Chantons, rions, pleurons, dansons. Vivons.

Table

Achevé d'imprimer sur les presses de
Quebecor World L'Éclaireur
Beauceville